SOINS INFIRMIERS

Conforme au
DSM-5

SANTÉ MENTALE ET PSYCHIATRIE

Guide d'études

2e ÉDITION

Yvon BRASSARD, B. Sc., M. Éd., D.E
avec la collaboration de
Hélène GOUSSE, inf. B. Sc.
et **Éric LAVERTU**, B. Sc. inf., M. Éd.

Soins infirmiers
Santé mentale et psychiatrie
Guide d'études, 2e édition

Yvon Brassard
avec la collaboration de
Hélène Gousse et Éric Lavertu

Conception éditoriale: André Vandal
Édition: Nancy Lachance
Coordination: Frédérique Coulombe et Marylène Leblanc-Langlois
Révision linguistique: Anne-Marie Trudel
Correction d'épreuves: Marie Le Toullec
Conception graphique: Protocole communication d'affaires
Conception de la couverture: Josée Brunelle

Catalogage avant publication de Bibliothèque et Archives nationales du Québec et Bibliothèque et Archives Canada

Brassard, Yvon, 1953-

Soins infirmiers: santé mentale et psychiatrie. Guide d'études

2e édition.

ISBN 978-2-7650-4991-3

1. Soins infirmiers en psychiatrie – Manuels d'enseignement supérieur. 2. Services de santé mentale – Manuels d'enseignement supérieur. I. Titre.

RC440.P78514 2016 Suppl. 616.89'0231 C2015-942603-0

5800, rue Saint-Denis, bureau 900
Montréal (Québec) H2S 3L5 Canada
Téléphone : 514 273-1066
Télécopieur : 514 276-0324 ou 1 800 814-0324
info@cheneliere.ca

ISBN 978-2-7650-4991-3

Dépôt légal: 2e trimestre 2016
Bibliothèque et Archives nationales du Québec
Bibliothèque et Archives Canada

Imprimé au Canada

2 3 4 5 6 M 21 20 19 18 17

Gouvernement du Québec – Programme de crédit d'impôt pour l'édition de livres – Gestion SODEC.

Ce projet est financé en partie par le gouvernement du Canada

Sources iconographiques

Couverture: Monkey Business Images/Shutterstock.com; Wavebreakmedia Ltd.; **p. 1:** © Andesign101/Dreamstime.com; **p. 4, 8:** © Scott Griessel/Dreamstime.com; **p. 11, 14, 19:** Luminis/Shutterstock.com; **p. 23:** Gemenacom/Shutterstock.com; **p. 27, 32:** © Denys Prokofyev/Dreamstime.com; **p. 38:** © Vladimir Voronin/Dreamstime.com; **p. 43:** Robert Kneschke/Shutterstock.com; **p. 48:** © Kristina Afanasyeva/Dreamstime.com; **p. 52:** Geo Martinez/Shutterstock.com; **p. 54:** © Raluca Teodorescu/Dreamstime.com; **p. 56:** Shell114/Shutterstock.com; **p. 58:** Pzaxe/Dreamstime.com; **p. 60:** © Alptraum/Dreamstime.com; **p. 62:** Michaelpuche/Shutterstock.com; **p. 65:** © Tomasz Wojnarowicz/Fotolia.com; **p. 68:** Ruslan Kudrin/Shutterstock.com; **p. 70:** Cliff Parnell/iStockphoto; **p. 72:** Mark Wineman/iStockphoto; **p. 74:** © Tomasz Wojnarowicz/Fotolia.com; **p. 76:** © nyul-Fotolia.com; **p. 78:** Refat/Shutterstock.com; **p. 81:** © Dmitriy Gool/Dreamstime.com; **p. 83:** kuzsvetlaya/Shutterstock.com; **p. 85:** © Gabriela Insuratelu/Dreamstime.com; **p. 88:** © Mark Skalny/Dreamstime.com; **p. 90:** © Belinka/Dreamstime.com; **p. 92:** © Yanik Chauvin/Dreamstime.com; **p. 94:** © Slavapolo/Dreamstime.com.

Adaptation de l'édition française de *Soins infirmiers – Santé mentale et psychiatrie*

Jean-Philippe Arguin, inf., B. Sc.

Frédéric Banville, M.A., Ph. D. (Neuropsychologie)

Guy Beauchamp, Ph. D. (Pharmacologie)

Patricia Beaulac, inf., B. Sc.

Huguette Bégin, inf.

Dalila Benhaberou-Brun, inf., M. Sc.

Emmanuelle Bernheim, LL.D., Ph. D. (Sciences sociales)

François Blanchette, sexologue clinicien et psychothérapeute, M.A.

Emmanuelle Bouchard, inf., M. Sc. (c)

Lyne Bouchard, inf., M. Sc.

Christianne Bourgie, inf., M. Sc.

Hélène Brochu, inf., B. Sc.

Jacinthe Dion, Ph. D. (Psychologie)

Sarah Fillion-Bilodeau, M. Ps., Ph. D. (c)

Catherine Fortin, inf., M. Sc.

Karine Fortin, inf., M. Sc.

Suzanne Gagnon, inf., B. Sc., M.A.

Mathieu Goyette, Ph. D. (Psychologie)

Marie-Claude Jacques, inf., Ph. D. (c)

Lise Laberge, inf., M. Sc.

Éric Lavertu, B. Sc. inf., M. Éd.

Gérard Lebel, inf., M. Ps., M.B.A.

Nancy Légaré, B. Pharm., M. Sc., Pharm. D., BCPP, BCPS

David Luckow, MDCM, B. Sc., MRO, DABAM

Nathalie Maltais, inf., M. Sc.

Maria-Grazia Martinoli, Ph. D. (Physiologie-endocrinologie)

Marjorie Montreuil, inf., M. Sc. (A)

Robert Morin, inf., M. Éd.

Jérôme Pelletier, inf., B. Sc.

Daniela Perrottet, B. Sc. inf., M. Sc. inf. (c)

Élise Phaneuf, B. Sc. (OT)

Margot Phaneuf, inf., M. Éd., Ph. D. (Didactique)

Karine Philibert, inf., M. Sc.

Francine Pilote, inf., B. Sc., DESS

Nathalie Pombert, inf.

Hélène Provencher, inf., Ph. D. (Sciences infirmières)

Catherine Pugnaire Gros, inf., M. Sc. (A)

Meriem Sedjal, inf., M. Sc. (c)

Marc-André Sirois, inf., B. Sc.

Isabelle Thibault, inf., B. Sc.

Linda Thibeault, inf., M. Sc.

Lucie Tremblay, inf., M. Sc., CHE, Adm. A.

Caractéristiques de l'ouvrage

COMPOSANTES GÉNÉRALES D'UN CHAPITRE

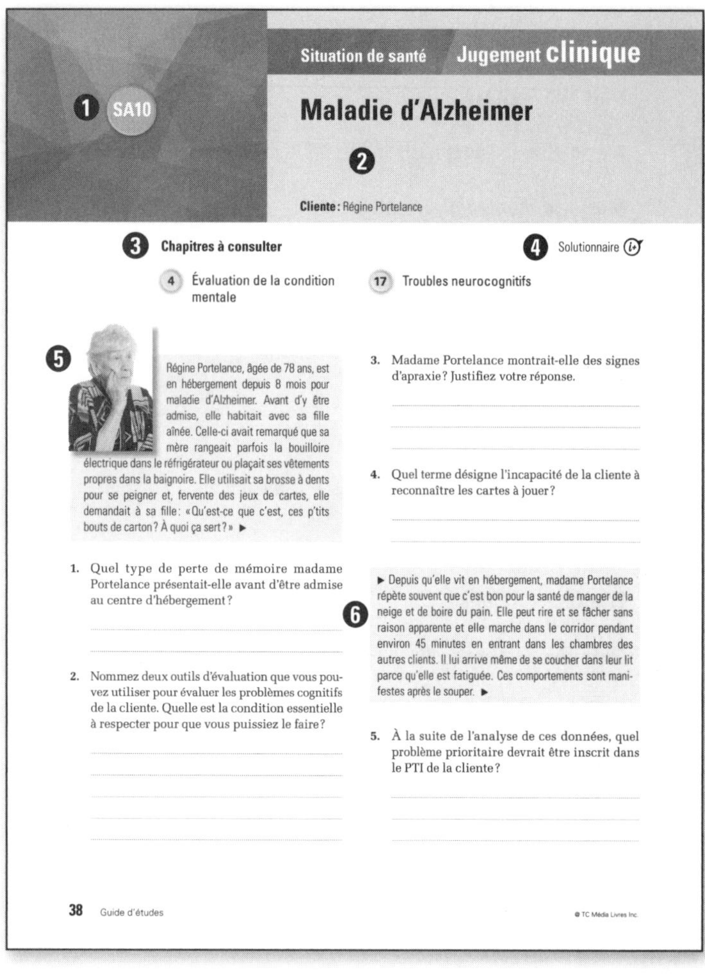

Situation de santé Jugement **clinique**

1 SA10

Maladie d'Alzheimer

2

Cliente : Régine Portelance

3 **Chapitres à consulter**

4 Évaluation de la condition mentale

17 Troubles neurocognitifs

4 Solutionnaire

5 Régine Portelance, âgée de 78 ans, est en hébergement depuis 8 mois pour maladie d'Alzheimer. Avant d'y être admise, elle habitait avec sa fille aînée. Celle-ci avait remarqué que sa mère rangeait parfois la bouilloire électrique dans le réfrigérateur ou plaçait ses vêtements propres dans la baignoire. Elle utilisait sa brosse à dents pour se peigner et, fervente des jeux de cartes, elle demandait à sa fille : « Qu'est-ce que c'est, ces p'tits bouts de carton ? À quoi ça sert ? » ►

1. Quel type de perte de mémoire madame Portelance présentait-elle avant d'être admise au centre d'hébergement ?

2. Nommez deux outils d'évaluation que vous pouvez utiliser pour évaluer les problèmes cognitifs de la cliente. Quelle est la condition essentielle à respecter pour que vous puissiez le faire ?

3. Madame Portelance montrait-elle des signes d'apraxie ? Justifiez votre réponse.

4. Quel terme désigne l'incapacité de la cliente à reconnaître les cartes à jouer ?

6 ► Depuis qu'elle vit en hébergement, madame Portelance répète souvent que c'est bon pour la santé de manger de la neige et de boire du pain. Elle peut rire et se fâcher sans raison apparente et elle marche dans le corridor pendant environ 45 minutes en entrant dans les chambres des autres clients. Il lui arrive même de se coucher dans leur lit parce qu'elle est fatiguée. Ces comportements sont manifestes après le souper. ►

5. À la suite de l'analyse de ces données, quel problème prioritaire devrait être inscrit dans le PTI de la cliente ?

38 Guide d'études © TC Média Livres Inc.

1. Situation d'apprentissage qui propose un cas clinique complexe.
2. Présentation de la situation de santé qui sera abordée et nom du client ou de la cliente.
3. Mention des chapitres visés par la situation d'apprentissage.
4. Solutionnaire
5. Mise en situation qui fournit des renseignements sur le client ou la cliente et des données sur sa situation de santé.
6. Suite de la mise en situation qui fait évoluer le cas clinique et qui fournit de nouvelles données.

7 Plan thérapeutique infirmier (PTI).

8 Extrait des notes d'évolution.

9 Révision éclair : courte activité qui propose l'analyse d'une situation de santé présentant des thèmes non couverts par les situations d'apprentissage.

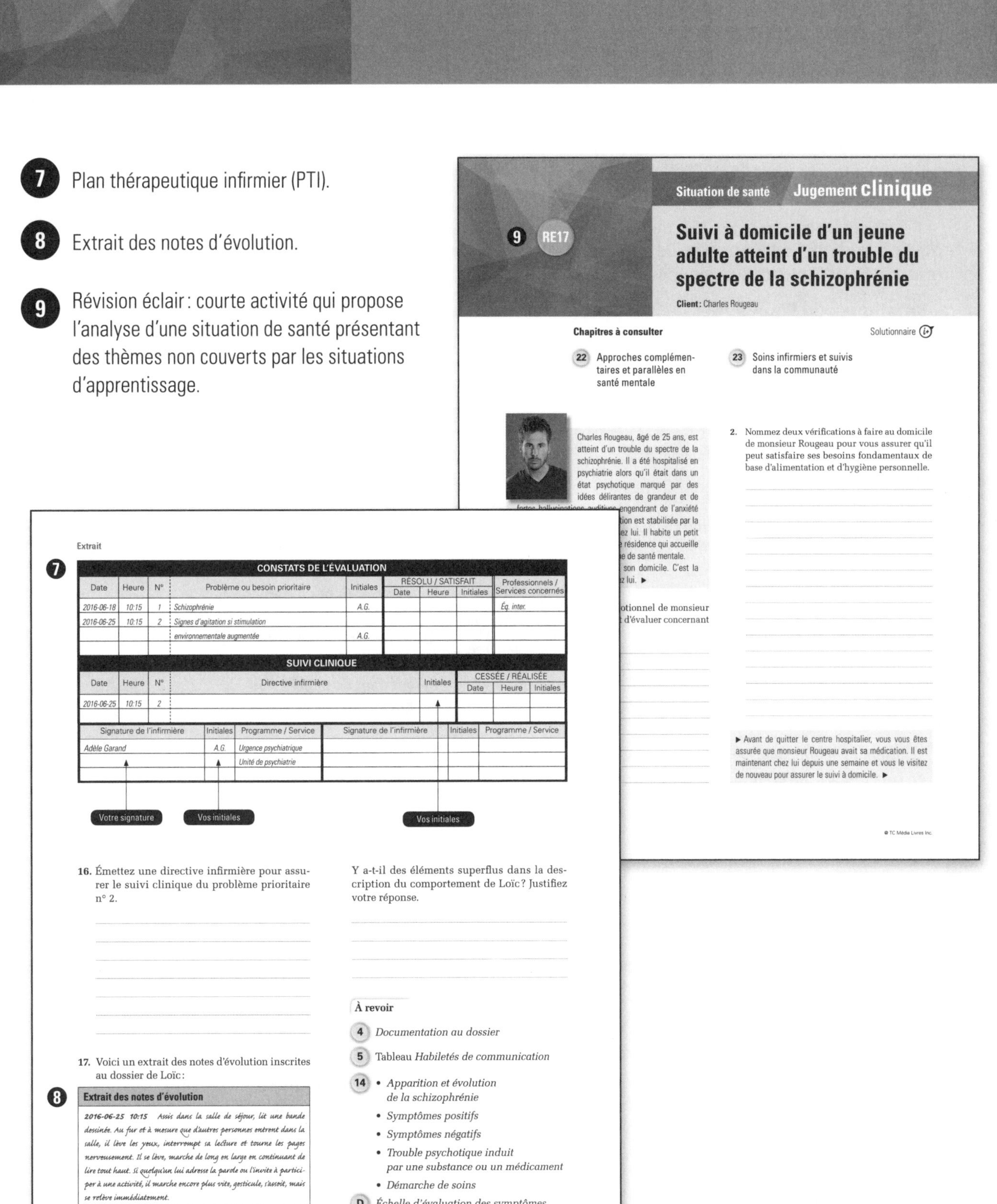

Situation de santé — Jugement **clinique**

9 RE17

Suivi à domicile d'un jeune adulte atteint d'un trouble du spectre de la schizophrénie

Client : Charles Rougeau

Chapitres à consulter — Solutionnaire

22 Approches complémentaires et parallèles en santé mentale

23 Soins infirmiers et suivis dans la communauté

Charles Rougeau, âgé de 25 ans, est atteint d'un trouble du spectre de la schizophrénie. Il a été hospitalisé en psychiatrie alors qu'il était dans un état psychotique marqué par des idées délirantes de grandeur et de […] engendrant de l'anxiété […] est stabilisée par la […] lui. Il habite un petit […] résidence qui accueille […] de santé mentale. […] son domicile. C'est la […] lui. ▶

[…] otionnel de monsieur […] d'évaluer concernant

2. Nommez deux vérifications à faire au domicile de monsieur Rougeau pour vous assurer qu'il peut satisfaire ses besoins fondamentaux de base d'alimentation et d'hygiène personnelle.

▶ Avant de quitter le centre hospitalier, vous vous êtes assurée que monsieur Rougeau avait sa médication. Il est maintenant chez lui depuis une semaine et vous le visitez de nouveau pour assurer le suivi à domicile. ▶

© TC Média Livres Inc.

Extrait

7

CONSTATS DE L'ÉVALUATION								
Date	Heure	N°	Problème ou besoin prioritaire	Initiales	RÉSOLU / SATISFAIT Date	Heure	Initiales	Professionnels / Services concernés
2016-06-18	10:15	1	Schizophrénie	A.G.				Éq. inter.
2016-06-25	10:15	2	Signes d'agitation si stimulation environnementale augmentée	A.G.				

SUIVI CLINIQUE							
Date	Heure	N°	Directive infirmière	Initiales	CESSÉE / RÉALISÉE Date	Heure	Initiales
2016-06-25	10:15	2					

Signature de l'infirmière	Initiales	Programme / Service	Signature de l'infirmière	Initiales	Programme / Service
Adèle Garand	A.G.	Urgence psychiatrique			
		Unité de psychiatrie			

Votre signature — Vos initiales — Vos initiales

16. Émettez une directive infirmière pour assurer le suivi clinique du problème prioritaire n° 2.

17. Voici un extrait des notes d'évolution inscrites au dossier de Loïc :

8

Extrait des notes d'évolution

2016-06-25 10:15 Assis dans la salle de séjour, lit une bande dessinée. Au fur et à mesure que d'autres personnes entrent dans la salle, il lève les yeux, interrompt sa lecture et tourne les pages nerveusement. Il se lève, marche de long en large en continuant de lire tout haut. Si quelqu'un lui adresse la parole ou l'invite à participer à une activité, il marche encore plus vite, gesticule, s'assoit, mais se relève immédiatement.

Y a-t-il des éléments superflus dans la description du comportement de Loïc ? Justifiez votre réponse.

À revoir

4 *Documentation au dossier*

5 Tableau *Habiletés de communication*

14
- *Apparition et évolution de la schizophrénie*
- *Symptômes positifs*
- *Symptômes négatifs*
- *Trouble psychotique induit par une substance ou un médicament*
- *Démarche de soins*

D *Échelle d'évaluation des symptômes extrapyramidaux (ESRS)*

18 Guide d'études — © TC Média Livres Inc.

Table des matières

Avant-propos

La formation initiale en soins infirmiers vise le développement des compétences inhérentes à la pratique infirmière. Qu'elle relève des domaines scientifique, relationnel, éthique, déontologique ou juridique, l'acquisition des savoirs occupe une place prépondérante dans les apprentissages que l'étudiante doit faire pour exercer sa future profession. À cela s'ajoutent l'habileté à organiser ses activités cliniques, la capacité de s'impliquer au sein d'une équipe travaillant en interdisciplinarité et la facilité à utiliser les divers moyens de transmission de l'information clinique (plan de soins et de traitements infirmiers, plan thérapeutique infirmier, rédaction des notes d'évolution au dossier et autres outils de documentation).

Toutefois, l'acquisition des compétences initiales ne se limite pas aux savoirs. Certes, les connaissances générales permettent de comprendre les situations de soins, mais cette compréhension ne saurait être totalement judicieuse sans une réflexion préalable à une prise de décision basée sur l'évaluation pertinente et rigoureuse de l'état de santé physique et mentale de la personne soignée. C'est justement ce processus intellectuel qui permet d'analyser et d'interpréter une situation clinique, condition préalable au choix d'interventions appropriées à la clientèle et adaptées à ses besoins. L'infirmière exerce son jugement clinique dans un contexte particulier de soins qui considère les dimensions personnelle, familiale, culturelle, sociale et spirituelle de la personne bénéficiant d'un service infirmier professionnel.

Le guide d'études qui accompagne *Soins infirmiers – Santé mentale et psychiatrie* s'inscrit dans ce souci de favoriser l'acquisition des savoirs spécifiques, du savoir-être, du savoir-faire mais également du savoir-évaluer pour mieux décider. L'orientation de la pratique infirmière actuelle accorde une importance marquée à l'évaluation d'une situation clinique ; il apparaît donc nécessaire que l'étudiante soit en mesure de développer sa pensée critique le plus rapidement possible pour démontrer son jugement clinique.

Qu'elles soient courtes ou plus élaborées, les mises en situation présentées ici sont réalistes et tiennent compte de problèmes susceptibles d'être étudiés dans les formations initiales, collégiale et universitaire, et pouvant être fréquemment vécues dans les différents milieux de stages. À des degrés divers, les questions posées cherchent à apporter une contribution supplémentaire à l'acquisition des compétences infirmières.

Situation de santé **Jugement clinique**

Trouble de la personnalité paranoïaque

Client: Nicolas Malouin

Chapitre à consulter

Solutionnaire 

Troubles de la personnalité

Nicolas Malouin est un célibataire âgé de 32 ans qui vit toujours chez ses parents. Il est évalué par l'infirmière en consultation externe à la demande de son père, qui s'inquiète de sa propension à l'isolement. Monsieur Malouin ne voulait pas consulter à ce sujet parce qu'il ne considère pas le fait d'être seul comme un problème. Au cours de l'entrevue, l'infirmière doit le ramener à trois reprises sur le sujet de la conversation. Il présente un affect plat et regarde souvent autour de lui. Il est dépeigné et non rasé, il porte un T-shirt déchiré et sale, et un pantalon trop court. Il dégage une mauvaise odeur, comme s'il ne s'était pas lavé. Il parle de sa vie de manière vague et erratique.

Sa mère a été hospitalisée récemment pour une pneumonie. Le client considère toutefois que cela n'a pas de lien avec son problème. Il mentionne qu'il sent qu'il doit en faire plus à la maison en l'absence de sa mère. Cela lui semble injuste et représente un fardeau pour lui. «Elle est tombée malade pour ne pas avoir à préparer les repas ou à faire la lessive», dit-il. Il ajoute ceci: «Les médecins l'ont hospitalisée pour lui soutirer plus d'argent. Papa m'a envoyé ici pour que vous fassiez de l'argent.» Il n'a pas visité sa mère à l'hôpital parce qu'il craint d'attraper des germes.

Il occupe un emploi de concierge dans les bureaux d'une petite entreprise, mais il sent que son patron et le personnel ne l'aiment pas parce qu'ils le trouvent «bizarre». Il ajoute qu'il a peu d'amis, qu'il trouve difficile de socialiser et qu'il a tendance à se replier davantage sur lui-même quand il est forcé d'interagir avec d'autres personnes. Il se méfie de l'infirmière qui l'évalue et des raisons pour lesquelles son père lui a demandé de consulter. ◄

1. Quelles caractéristiques d'une personnalité paranoïaque reconnaissez-vous chez monsieur Malouin? Nommez-en au moins trois.

c) Le fonctionnement interpersonnel :

3. Monsieur Malouin montre-t-il des signes de clivage ? Justifiez votre réponse.

2. Un des critères diagnostiques des troubles de la personnalité concerne les conduites qui dévient notablement de ce qui est attendu dans la culture de la personne. Parmi les données de la mise en contexte, trouvez celles qui illustrent chacun des domaines suivants de la personnalité de monsieur Malouin.

a) La cognition (c.-à-d. la perception et la vision de soi-même, d'autrui et des événements) :

b) L'affectivité (c.-à-d. la diversité, l'intensité, la labilité et l'adéquation de la réponse émotionnelle) :

4. L'infirmière devrait-elle vérifier si le client consomme de l'alcool, de la drogue ou d'autres substances ? Justifiez votre réponse.

5. L'infirmière devrait-elle demander à rencontrer le père du client? Justifiez votre réponse.

6. Au moment de sa collecte des données, l'infirmière devrait-elle rechercher plus de renseignements sur la capacité de monsieur Malouin à effectuer ses AVQ? Justifiez votre réponse.

7. Que peut signifier le fait que monsieur Malouin regarde souvent autour de lui?

8. Monsieur Malouin reconnaît-il les domaines où il éprouve des problèmes? Justifiez votre réponse.

9. D'après l'ensemble des données de la situation, quel semble être le principal problème de monsieur Malouin?

10. Vérifiez la réponse à la question précédente et déterminez un résultat que vous pourriez viser de façon réaliste avec ce client.

11. Pendant les échanges avec monsieur Malouin, pourquoi est-il important que l'infirmière évite d'argumenter et d'avoir de longues discussions avec lui?

À revoir

15

- Encadrés *Critères diagnostiques du DSM-5*
- *Théorie de Kernberg*
- *Trouble de la personnalité paranoïaque*
- *Collecte des données – Évaluation initiale*
- *Résultats escomptés*
- Encadré *Épidémiologie des troubles de la personnalité du groupe A*
- Tableau *Problèmes généralement associés aux troubles de la personnalité*

Situation de santé **Jugement clinique**

SA02

Troubles des conduites alimentaires et de l'ingestion d'aliments (*première partie*) Anorexie mentale

Cliente : Nadine Boulianne

Chapitre à consulter

Solutionnaire  

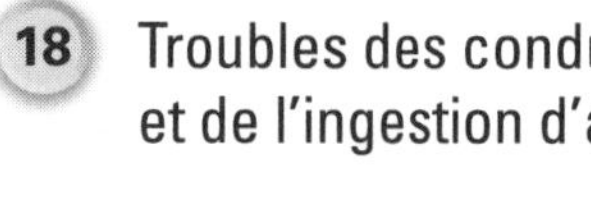

18 Troubles des conduites alimentaires et de l'ingestion d'aliments

Nadine Boulianne, une adolescente âgée de 15 ans, est fille unique et habite avec sa mère. Cette dernière est suivie en clinique de santé mentale pour récurrence d'épisodes dépressifs accompagnés de comportements extrêmes de jeûne depuis qu'elle est divorcée ; elle avait par ailleurs montré de tels comportements à la fin de sa propre adolescence.

La jeune fille a une opinion très arrêtée sur le mariage ; pour elle, c'est un engagement inutile qui ne mène qu'à la séparation un jour ou l'autre. Il est donc hors de question qu'elle se marie un jour, ni même qu'elle vive en union de fait.

Nadine se sent responsable du bien-être de sa mère même si leur relation est tendue. Lorsque sa mère vit un passage difficile ou qu'elle est hospitalisée, Nadine doit assumer toutes les responsabilités de la vie quotidienne à sa place. Cela pèse lourd sur ses épaules et crée beaucoup d'anxiété. Elle ne se sent pas à la hauteur de telles responsabilités à son âge. Elle doute toujours d'elle-même. Pour éviter des discussions pénibles avec sa mère, elle s'efforce de toujours faire ce qu'on lui demande même si elle n'est pas d'accord.

Nadine mange de moins en moins, et elle perd du poids rapidement. ▶

1. Quels sont les deux facteurs biologiques pouvant expliquer le trouble des conduites alimentaires et de l'ingestion d'aliments chez Nadine?

2. Quel facteur socioculturel peut également expliquer le trouble des conduites alimentaires et de l'ingestion d'aliments de Nadine?

3. Quels sont les deux facteurs psychologiques liés au trouble des conduites alimentaires et de l'ingestion d'aliments de Nadine?

4. Quel trait de la personnalité de Nadine est typique d'un trouble des conduites alimentaires et de l'ingestion d'aliments?

▶ Nadine se trouve moche et n'est jamais assez mince à son goût. Pour elle, la minceur est devenue un idéal à atteindre. «Je suis satisfaite quand je perds du poids», se dit-elle intérieurement. ▶

5. Comment la satisfaction de perdre du poids peut-elle s'expliquer dans le cas de Nadine?

▶ Nadine a dû être hospitalisée en psychiatrie à l'unité des troubles de l'alimentation. Elle est suivie par une équipe interdisciplinaire. Elle n'est pas menstruée depuis quatre mois. Elle mesure 1 m 62 et pèse maintenant 38 kg (alors qu'elle pesait 47 kg). Il lui arrive de perdre connaissance en se levant du lit le matin. Sa pulsation se maintient entre 54 et 58 batt./min. Voici quelques résultats d'analyses de laboratoire : Na : 131 mEq/L; K : 3,4 mEq/L; Cl : 94 mmol/L. ▶

6. Comment interprétez-vous le poids actuel de Nadine?

7. En tenant compte des résultats des analyses de laboratoire, que devriez-vous surveiller spécifiquement chez l'adolescente?

8. Nommez quatre autres signes et symptômes physiques à surveiller chez cette jeune cliente.

▶ Nadine ne se trouve pas maigre. «C'est vrai que j'ai maigri, mais ce n'est pas vraiment grave. Je n'ai perdu que quelques kilos», dit-elle. Pour elle, la qualité de sa journée dépend du poids affiché sur le pèse-personne; si elle a perdu du poids, elle passe une bonne journée. Elle craint constamment la prise de poids. D'ailleurs, le moment de la pesée est toujours angoissant pour Nadine. ▶

9. Pourquoi est-il important de vérifier les sentiments que Nadine peut éprouver par rapport à l'apparence de son corps?

10. En plus des laxatifs et des purgatifs, nommez deux autres moyens que Nadine pourrait prendre pour maigrir plus rapidement.

11. Quel résultat faut-il viser par les interventions infirmières et l'approche interdisciplinaire par rapport au fait que Nadine banalise sa perte de poids et sa maigreur?

Extrait

CONSTATS DE L'ÉVALUATION								
Date	Heure	N°	Problème ou besoin prioritaire	Initiales	RÉSOLU / SATISFAIT			Professionnels / Services concernés
					Date	Heure	Initiales	
2016-06-11	*10:15*	*1*	*Anorexie mentale*	*C.G.*				*Éq. inter.*
2016-06-12	*11:00*	*2*	*Perturbation de l'image corporelle*	*C.G.*				
2016-06-14	*13:00*							
	13:00							

SUIVI CLINIQUE								
Date	Heure	N°	Directive infirmière		Initiales	CESSÉE / RÉALISÉE		
						Date	Heure	Initiales
2016-06-11	*10:15*	*1*	*Appliquer le suivi standard pour anorexie mentale.*		*C.G.*			
2016-06-12	*11:00*	*2*	*Amener la cliente à avoir une vision réaliste de son corps.*		*C.G.*			

Signature de l'infirmière	Initiales	Programme / Service	Signature de l'infirmière	Initiales	Programme / Service
Constance Gasiza	*C.G.*	*Un. tr. alimentaires*			

Vos initiales

12. Voici un extrait du PTI de Nadine.

La directive infirmière pour le problème prioritaire n° 2 est-elle acceptable? Justifiez votre réponse.

▶ Nadine mange un peu, mais si elle n'est pas observée, elle recrache les bouchées de nourriture et les cache dans ses vêtements. Elle se fait vomir dès qu'elle le peut et ne suit pas le programme de réalimentation convenu avec l'équipe interdisciplinaire, et ce, malgré un contrat qu'elle a dûment accepté et signé. ◀

13. Quels problèmes prioritaires méritent d'être alors ajoutés au PTI de l'adolescente ? Trouvez-en deux.

___

___

___

___

___

À revoir

- *Étiologie*
- *Démarche de soins*
- Tableau *Anorexie mentale*
- Tableau *Traits de personnalité associés aux troubles des conduites alimentaires et de l'ingestion d'aliments*
- Tableau *Symptômes cliniques Anorexie mentale*
- Plan de soins et de traitements infirmiers *Anorexie mentale*

Situation de santé **Jugement clinique**

SA03

Troubles des conduites alimentaires et de l'ingestion d'aliments (*deuxième partie*) Boulimie mentale

Cliente : Nadine Boulianne

Chapitres à consulter

Solutionnaire  

5 Communication et relation thérapeutique

18 Troubles des conduites alimentaires et de l'ingestion d'aliments

Nadine Boulianne est toujours hospitalisée à l'unité des troubles alimentaires. Elle a maintenant des crises récurrentes de boulimie se traduisant par l'ingestion d'au moins 8000 calories en 1 heure environ. Ces crises ont lieu à l'insu de son entourage, car Nadine a profondément honte de ce comportement. Après une crise, elle se sent tellement coupable qu'elle fait de la course sur place dès qu'elle n'est pas observée. « Je n'ai vraiment pas de volonté », dit-elle sur un ton désespéré en se frappant les tempes avec la paume des mains, en hochant la tête en signe de négation et en regardant le sol. Elle a tendance à s'isoler et évite les contacts avec les autres clientes. ▶

1. Quel sentiment Nadine éprouve-t-elle probablement au cours d'une crise de boulimie?

2. Pourquoi devriez-vous vérifier s'il y a un élément déclencheur d'une crise de boulimie?

3. Pourquoi est-il important de vérifier si Nadine a des laxatifs et des diurétiques en sa possession?

4. Quel autre moyen compensatoire de la crise de boulimie Nadine est-elle susceptible d'utiliser le plus?

5. Que pourriez-vous dire à Nadine pour lui témoigner de l'empathie lorsqu'elle affirme ne pas avoir de volonté?

▶ Nadine a eu ses premières menstruations à l'âge de 11 ans. ▶

7. Nommez trois points à évaluer par rapport au cycle menstruel de l'adolescente.

▶ Nadine n'est pas fière d'elle lorsqu'elle succombe à son besoin compulsif de manger. «Je suis vraiment poche. Comment ça se fait que je ne sois même pas capable de me retenir de manger?», dit-elle avec une certaine fermeté dans la voix. ▶

6. Que pourriez-vous dire à Nadine pour lui refléter le sentiment sous-jacent qu'elle essaie d'exprimer dans ses propos?

▶ Nadine montre des signes d'anxiété lorsqu'une crise de boulimie se manifeste. Elle doute constamment de sa capacité de résister à l'envie compulsive de manger. Voici un autre extrait du PTI de l'adolescente. ▶

Extrait

CONSTATS DE L'ÉVALUATION								
Date	Heure	N°	Problème ou besoin prioritaire	Initiales	RÉSOLU / SATISFAIT			Professionnels / Services concernés
					Date	Heure	Initiales	
2016-06-11	*10:15*	*1*	*Anorexie mentale*	*C.G.*				*Éq. inter.*
2016-06-12	*11:00*	*2*	*Perturbation de l'image corporelle*	*C.G.*				
2016-06-14	*13:00*							
	13:00							
2016-07-13	*11:00*	*5*	*Signes d'anxiété au moment des crises de boulimie*	*C.G.*				*Éq. inter.*

SUIVI CLINIQUE							
Date	Heure	N°	Directive infirmière	Initiales	CESSÉE / RÉALISÉE		
					Date	Heure	Initiales
2016-06-11	*10:15*	*1*	*Appliquer le suivi standard pour anorexie mentale.*	*C.G.*			
2016-06-12	*11:00*	*2*	*Amener la cliente à avoir une vision réaliste de son corps.*	*C.G.*			
2016-07-13	*11:00*						

Signature de l'infirmière	Initiales	Programme / Service	Signature de l'infirmière	Initiales	Programme / Service
Constance Gasiza	*C.G.*	*Un. tr. alimentaires*			
		Un. tr. alimentaires			

Votre signature — Vos initiales — Vos initiales

8. Émettez une directive infirmière qui viserait à réduire l'anxiété de Nadine et à prévenir des comportements compensatoires à la suite d'une crise de boulimie.

▶ Dans la première partie de la situation de Nadine, celle-ci n'adhérait pas au traitement qu'elle avait approuvé avec l'équipe interdisciplinaire. Elle le respecte maintenant, même si elle trouve que c'est difficile et qu'elle succombe trop souvent à son goût aux crises compulsives de boulimie. ▶

9. Devriez-vous accorder certains privilèges à Nadine malgré ses écarts au traitement? Justifiez votre réponse.

▶ Nadine a pris 500 g en 2 semaines. Elle a accepté de manger un demi-pamplemousse chaque matin et des carottes cuites au souper, deux aliments qu'elle refusait de consommer auparavant. Elle participe de plus en plus activement aux rencontres de groupe avec d'autres jeunes clientes anorexiques et boulimiques. ◀

10. Pourquoi est-il important de renforcer positivement les petits succès alimentaires de Nadine?

11. En quoi la participation de Nadine à des rencontres de groupe peut-elle lui être bénéfique?

À revoir

5
- *Empathie*
- *Regard positif et respect*
- Tableau *Habiletés de communication*

18
- Tableau *Traits de personnalité associés aux troubles des conduites alimentaires et de l'ingestion d'aliments*
- *Démarche de soins*
- Tableau *Symptômes cliniques Boulimie*
- Tableau *Intervenir auprès d'une cliente atteinte d'un trouble des conduites alimentaires*
- Tableau *Collecte des données Évaluation de la situation particulière de la cliente atteinte d'un trouble des conduites alimentaires et de l'ingestion d'aliments*
- Encadré *Pratiques infirmières suggérées*

Situation de santé **Jugement clinique**

Schizophrénie (*première partie*)

Client : Loïc Hébert-David

Chapitre à consulter

14 Troubles du spectre de la schizophrénie et autres troubles psychotiques

Loïc Hébert-David est un adolescent de 15 ans au caractère doux et sociable. Il étudie en troisième secondaire. Il y a deux mois, il a cessé de participer à son activité de *capoeira*, un art martial afro-brésilien. Peu après, il a quitté sa petite amie impulsivement. Malgré l'interdiction de ses parents, il planifie un voyage en solitaire pour l'an prochain dans l'Ouest canadien afin de parfaire son anglais.

Après une sortie au cinéma, il a été recueilli en état d'ébriété par les policiers du métro, qui l'ont ramené chez lui. Loïc raconte alors à ses parents qu'il était seul et qu'il a acheté de la bière avec une carte d'identité falsifiée. Ses propos sont cohérents. ▶

1. D'après l'analyse des données de la mise en contexte, qu'est-ce qui pourrait laisser croire que Loïc en est à la phase prémorbide de la schizophrénie ?

2. Lorsque Loïc regarde la télévision, il dit que les comédiens, les journalistes et même les messages publicitaires s'adressent directement à lui et lui font des confidences. Que signifient ces comportements ?

3. Depuis quelques semaines, Loïc a des hallucinations auditives fugaces. Ses parents ont remarqué qu'il semblait anxieux et chantait souvent et fort, même lorsqu'il regarde la télévision la nuit. Pourquoi Loïc chante-t-il ainsi ?

▶ Depuis huit mois environ, Loïc a de plus en plus tendance à s'isoler, ce qui inquiète beaucoup ses parents. Il ne voit plus ses amis et fume un « joint » à plusieurs reprises dans une journée. Il sort seul tous les soirs et s'emporte facilement si ses parents lui en font la remarque. ▶

4. Dans ces nouvelles données, quelles manifestations de la schizophrénie sont caractéristiques de la phase prodromique de la maladie?

5. Nommez trois autres manifestations de la phase prodromique que l'adolescent pourrait présenter.

▶ Loïc a souvent bu avant de rentrer à la maison. Récemment, il est revenu en pleurant et a dit: «J'me sens pas bien, ça va pas du tout.» Quand son père a essayé de le questionner, Loïc s'est mis à crier: «J'vais me suicider!» ▶

6. Pourquoi les intentions de Loïc de se suicider ne doivent-elles pas être banalisées?

7. D'après toutes les données connues jusqu'à maintenant, pouvez-vous dire que l'adolescent a des manifestations psychotiques de la schizophrénie? Justifiez votre réponse.

▶ Au cours d'une discussion avec sa jeune sœur, Loïc parle des cours d'équitation qu'il aimerait suivre, de la collation qu'il va prendre, des oiseaux qui gazouillent et des effets néfastes des drogues dures. Il avise sa cadette de ne jamais arracher les fleurs, car elles sont rancunières. Il lui dit qu'il va toujours la protéger, car il est un preux chevalier qui vole les pauvres pour donner aux riches. ▶

8. Comment qualifiez-vous son discours?

9. Dans ses propos, Loïc montre-t-il des idées délirantes? Justifiez votre réponse.

▶ Les parents de Loïc ont insisté pour qu'il consulte un psychiatre. Au cours de la première rencontre, il dit que les affiches publicitaires lui parlent et lui demandent de ne pas en dire trop sur lui-même, car cela pourrait se retourner contre lui. ▶

10. Comment doit-on qualifier ces hallucinations auditives?

▶ Le psychiatre recommande fortement à Loïc de ne plus fumer de «joints» et de cesser de boire. Il lui prescrit un antipsychotique (rispéridone [Risperdal[MD]] 0,5 mg b.i.d.). Il l'avise également qu'une hospitalisation sera peut-être nécessaire si les symptômes s'accentuent malgré la médication. Loïc réagit en soupirant avec un petit sourire en coin. À la fin de la rencontre, il ajoute: «Je m'sens *cool* et aussi léger que la fumée des joints que j'fume.» ▶

11. Comment devrait-on qualifier l'affect de Loïc devant l'éventualité d'une hospitalisation?

12. Quel autre type d'hallucinations Loïc présente-t-il?

▶ Depuis quelques temps, ses parents on remarqué que Loïc est peu expressif. Ils trouvent difficile de savoir comment il se sent. Loïc se regarde souvent et longtemps dans le miroir et dit sur un ton monotone: «Comme je suis beau. Je suis parfait. Pas surprenant que j'aie des pouvoirs de télépathie.» Au cours d'un repas familial, il rit soudainement et sans raison. Il dit à ses parents et à sa sœur: «Vous n'avez pas été illuminés. C'est pour ça que vous n'entendez pas ce que j'entends. Vous dites que vous voulez m'aider, mais dans le fond, vous voulez me nuire. Mes voix veulent mon bien, elles; c'est pour ça que je dois les écouter et pas vous.» ◀

13. Dans les propos de Loïc, trois types caractérisent ses idées délirantes. Lesquels?

14. D'après les données connues jusqu'à maintenant, déterminez les symptômes positifs et négatifs de la schizophrénie dont Loïc est atteint.

À revoir

14
- *Apparition et évolution de la schizophrénie*
- *Symptômes positifs*
- *Symptômes négatifs*

SA05

Schizophrénie (*deuxième partie*)

Client : Loïc Hébert-David

Chapitres à consulter

Solutionnaire 

4 Évaluation de la condition mentale

5 Communication et relation thérapeutique

14 Troubles du spectre de la schizophrénie et autres troubles psychotiques

Loïc est maintenant âgé de 18 ans. Le diagnostic de schizophrénie paranoïde est confirmé. Le jeune homme a terminé sa cinquième secondaire et s'est inscrit en lettres au cégep, mais il a abandonné ses cours une semaine après le début de la session. Auparavant féru de lecture, il est maintenant incapable de terminer un roman ou un article de revue. Il fume de plus en plus souvent des « joints » de marijuana. Il a même vendu des objets personnels (CD, montre, iPad) pour se procurer de la drogue. Convaincu qu'il n'a pas besoin d'aide, il ne consulte plus son psychiatre et a cessé de prendre sa médication. Il a même mis son projet de partir dans l'Ouest canadien à exécution. Cependant, c'est en état de panique qu'il est revenu chez ses parents, son sentiment d'anxiété s'aggravant de plus en plus. Il dit qu'il ne savait plus où il était, qu'il n'arrivait pas à se faire comprendre parce qu'il avait oublié le peu d'anglais qu'il avait appris, qu'il ne trouvait plus son argent et qu'il était totalement incapable de prendre une décision. C'est à l'occasion d'un appel téléphonique à sa mère que celle-ci lui a dicté ce qu'il devait faire pour revenir à la maison.

Au retour de son voyage dans l'Ouest, Loïc ressemble à un itinérant. Il a la barbe longue, ses cheveux sont ébouriffés, il dégage une odeur nauséabonde, et ses vêtements sont sales. Lorsqu'il commence à faire sa toilette, il ne la termine pas et remet les mêmes vêtements sales. Il passe des heures à regarder la télévision sans être concentré sur les émissions diffusées. ▶

1. Dans ce nouvel épisode de son histoire, nommez le symptôme positif et les deux symptômes négatifs de la schizophrénie que présente Loïc.

2. Qu'est-ce qui pourrait expliquer le fait que Loïc consomme de plus en plus souvent de la marijuana?

3. Quels autres symptômes négatifs pourrait-il présenter?

▶ Loïc devient agressif lorsque ses parents lui font des remarques à propos de sa tenue: « T'as l'air d'un pouilleux avec la barbe longue. C'est pourtant pas forçant de changer de vêtements », lui répètent-ils. ▶

4. Des manifestations de violence de la part de Loïc sont-elles à craindre? Justifiez votre réponse.

▶ Loïc dort le jour et sort la nuit. Il ne voit que ses parents et sa jeune sœur. Il erre toute la nuit et consomme encore plus de marijuana. Il nie qu'il va mal et refuse toute forme d'aide. Lorsqu'il est à la maison, il dit que les voisins lui parlent à travers les murs. Il ajoute qu'il se sent immolé à l'intérieur de son corps. Ce matin il a dit à son père que si les voisins persistaient à lui parler toute la nuit, il allait devoir traverser leur ordonner de se taire. ▶

5. Quels types d'hallucinations Loïc a-t-il?

6. Pourquoi Loïc devrait-il être amené à l'urgence psychiatrique?

▶ Loïc est maintenant hospitalisé en psychiatrie. Le psychiatre lui a prescrit de la quétiapine (Seroquel[MD]) 200 mg die et de l'aripiprazole (Abilify[MD]) 15 mg die, et il tient absolument à ce que le jeune homme cesse totalement de consommer de la marijuana. ▶

7. Pourquoi le psychiatre tient-il tant à ce que Loïc ne consomme plus de marijuana?

8. En plus de réduire les symptômes positifs et négatifs de la schizophrénie, quel autre effet bénéfique aura la quétiapine (Seroquel^{MD}) pour Loïc?

▶ Vous rencontrez Loïc à sa chambre. Celui-ci est assis en position du lotus et porte un collier tibétain: «Ça me protège des mauvais esprits comme vous», dit-il avec un regard en coin en fronçant les sourcils. Il a des idées délirantes et il a encore des hallucinations auditives. ▶

9. Vous évaluez Loïc à la recherche de symptômes extrapyramidaux. Indiquez deux tests associés à l'examen physique que vous pouvez utiliser pour détecter ces symptômes.

Voici ce que vous devriez rechercher chez Loïc.

a) Évaluation des mouvements

b) Évaluation musculaire

c) Évaluation neurologique

d) Évaluation du visage

10. D'après ces nouvelles données, quel type d'idées délirantes Loïc a-t-il?

11. Qu'est-ce que Loïc communique par son message verbal ?

12. Comment pourriez-vous intervenir verbalement auprès de Loïc en lui manifestant de l'empathie ?

13. Vous dites à Loïc que vous n'entendez pas les voix qu'il perçoit. Cela constitue-t-il un blocage dans votre communication avec lui ? Justifiez votre réponse.

▶ Vous procédez à la collecte des données pour évaluer la condition mentale de Loïc. ▶

14. Justifiez la pertinence de chacune des questions suivantes :

a) Est-ce que tu te sens de plus en plus différent depuis quelque temps ?

b) Tu dis que tu entends des voix. Qu'est-ce qu'elles te disent ?

c) Qu'est-ce que tu fais pour ne pas entendre les voix que tu perçois ?

d) Y a-t-il des situations ou des moments précis où les voix que tu entends sont plus fréquentes ?

15. Plus tard, vous demandez aux parents s'ils sont membres de l'Association québécoise des parents et amis de la personne atteinte de maladie mentale (AQPAMM). Est-il approprié de rechercher une telle information ? Justifiez votre réponse.

▶ Vous constatez que Loïc montre plus de signes d'agitation et de désorganisation lorsqu'il participe à des activités de groupe ou qu'il y a beaucoup d'action autour de lui. Il gesticule nerveusement, parle fort et marche de long en large dans la salle de séjour. Voici un extrait de son PTI (*voir la page suivante*). ◀

Extrait

CONSTATS DE L'ÉVALUATION								
Date	Heure	N°	Problème ou besoin prioritaire	Initiales	RÉSOLU / SATISFAIT			Professionnels / Services concernés
					Date	Heure	Initiales	
2016-06-18	*10:15*	*1*	*Schizophrénie*	*A.G.*				*Éq. inter.*
2016-06-25	*10:15*	*2*	*Signes d'agitation si stimulation*					
			environnementale augmentée	*A.G.*				

SUIVI CLINIQUE							
Date	Heure	N°	Directive infirmière	Initiales	CESSÉE / RÉALISÉE		
					Date	Heure	Initiales
2016-06-25	*10:15*	*2*					

Signature de l'infirmière	Initiales	Programme / Service	Signature de l'infirmière	Initiales	Programme / Service
Adèle Garand	*A.G.*	*Urgence psychiatrique*			
		Unité de psychiatrie			

Votre signature

Vos initiales

Vos initiales

16. Émettez une directive infirmière pour assurer le suivi clinique du problème prioritaire n° 2.

17. Voici un extrait des notes d'évolution inscrites au dossier de Loïc :

Extrait des notes d'évolution

2016-06-25 10:15 *Assis dans la salle de séjour, lit une bande dessinée. Au fur et à mesure que d'autres personnes entrent dans la salle, il lève les yeux, interrompt sa lecture et tourne les pages nerveusement. Il se lève, marche de long en large en continuant de lire tout haut. Si quelqu'un lui adresse la parole ou l'invite à participer à une activité, il marche encore plus vite, gesticule, s'assoit, mais se relève immédiatement.*

Y a-t-il des éléments superflus dans la description du comportement de Loïc ? Justifiez votre réponse.

À revoir

4 *Documentation au dossier*

5 Tableau *Habiletés de communication*

14
- *Apparition et évolution de la schizophrénie*
- *Symptômes positifs*
- *Symptômes négatifs*
- *Trouble psychotique induit par une substance ou un médicament*
- *Démarche de soins*

D *Échelle d'évaluation des symptômes extrapyramidaux (ESRS)*

SA06

Schizophrénie (*troisième partie*)

Client: Loïc Hébert-David

Chapitres à consulter

Solutionnaire

- 4 Évaluation de la condition mentale
- 5 Communication et relation thérapeutique
- 14 Troubles du spectre de la schizophrénie et autres troubles psychotiques
- 21 Psychopharmacothérapie et autres thérapies biologiques

Dans la dernière année, Loïc a été hospitalisé en psychiatrie à plusieurs reprises. Son psychiatre a récemment introduit de la clozapine (clozaril[MD]) 25 mg b.i.d., et son état s'est amélioré par la suite. Il se trouve maintenant à l'unité de réadaptation intensive. Il arrive à maîtriser ses hallucinations auditives en écoutant de la musique avec des écouteurs. Cependant, il lit de plus en plus sur le bouddhisme et sur le yoga et s'y adonne même chaque jour pendant au moins une heure. Il porte toujours son collier tibétain et s'assoit en position du lotus dès qu'il le peut. Même si son interlocuteur ne lui en parle pas, il dévie souvent la conversation sur la spiritualité bouddhique. D'après son psychiatre, Loïc serait dans une phase de rétablissement ou d'entretien. ▶

1. Qu'est ce qui caractérise cette phase?

2. En considérant toutes les données connues depuis le début de la maladie de Loïc, quelles sont celles qui peuvent contribuer à de meilleurs résultats de traitement à long terme? Nommez-en trois.

▶ Vous dites à Loïc: «Je constate que tu t'intéresses beaucoup au bouddhisme et au yoga. Ça doit être important pour toi. J'imagine que ça signifie quelque chose de particulier pour toi. Mais qu'est-ce qui t'attire dans ces philosophies?» ▶

3. Est-ce une bonne façon d'aborder ce sujet avec Loïc? Justifiez votre réponse.

4. Outre les effets extrapyramidaux, indiquez deux éléments de surveillance prioritaire relatifs à la clozapine.

▶ Loïc dit se sentir plus en maîtrise de ses hallucinations auditives, et ses propos sont plus cohérents. Il assiste toujours aux séances de thérapie de groupe, mais il a encore tendance à faire des activités solitaires comme la lecture, l'écoute de musique et le yoga. ▶

5. Devriez-vous l'encourager à participer à d'autres activités de groupe que la thérapie? Justifiez votre réponse.

▶ Chaque fois que vous vous adressez à Loïc, vous lui parlez calmement et maintenez une distance d'environ un mètre. Vous êtes souriante et vous le tutoyez sur un ton empreint de chaleur et d'attention. Vous ne l'interrompez pas lorsqu'il parle et vous le regardez dans les yeux. ▶

6. En quoi votre attitude peut-elle être aidante pour Loïc?

▶ Alors que Loïc joue aux cartes avec d'autres personnes, un client entre dans la salle. Il crie et donne des coups de pieds aux meubles. Apeuré, Loïc se lève brusquement et montre des signes de nervosité. Vous l'invitez calmement à quitter la salle avec vous. ▶

7. Nommez deux bienfaits que votre attitude calme peut apporter à Loïc.

▶ Comme l'état de Loïc est plus stable et que son anxiété est mieux maîtrisée, le psychiatre autorise des sorties non accompagnées pouvant durer deux heures à la condition qu'il ne consomme pas de marijuana. Voici un extrait du PTI de Loïc. ▶

Extrait

CONSTATS DE L'ÉVALUATION

Date	Heure	N°	Problème ou besoin prioritaire	Initiales	RÉSOLU / SATISFAIT			Professionnels / Services concernés
					Date	Heure	Initiales	
2016-06-18	*10:15*	*1*	*Schizophrénie*	*A.G.*				
2016-06-25	*10:15*	*2*	*Signes d'agitation si stimulation*					
			environnementale augmentée	*A.G.*				

SUIVI CLINIQUE

Date	Heure	N°	Directive infirmière	Initiales	CESSÉE / RÉALISÉE		
					Date	Heure	Initiales
2016-06-25	*10:15*	*2*					
2017-07-18	*18:00*	*1*	*Permettre sortie non accompagnée si ne fume pas de marijuana.*	*T.V.*			

Signature de l'infirmière	Initiales	Programme / Service	Signature de l'infirmière	Initiales	Programme / Service
Adèle Garand	*A.G.*	*Urgence psychiatrique*	*Tatiana Valcheva*	*T.V.*	*Réadaptation intensive*
		Unité de psychiatrie			

8. La directive infirmière inscrite pour le n° 1 est-elle acceptable? Justifiez votre réponse.

▶ Une sortie temporaire a été accordée à Loïc. Il revient à l'unité après 90 minutes. Il est souriant et calme, mais il dégage une odeur de marijuana, et ses conjonctives sont rouges. Il vous jure pourtant qu'il n'a pas fumé de «joint», mais vous ne le croyez pas. ▶

9. Quels autres signes d'intoxication à la marijuana pourriez-vous observer chez Loïc?

10. Que pourriez-vous lui dire pour exprimer votre doute tout en le confrontant doucement?

▶ Loïc avoue qu'il a rencontré un ancien ami qui lui a offert un «joint» et qu'il a fumé avec lui. Il vous promet qu'il ne recommencera plus, car il ne veut pas perdre son privilège de sortie. Il vous demande s'il pourra sortir demain comme prévu. ◀

11. Devriez-vous permettre la prochaine sortie? Justifiez votre réponse.

12. Voici un extrait des notes d'évolution relatives à la sortie permise.

Extrait des notes d'évolution

2017-07-19 13:00 Sort à l'extérieur non accompagné. N'a pas fumé de marijuana. Sera de retour dans deux heures. Accepte les conditions de sortie.

14:30 De retour. Souriant et calme. Ses vêtements dégagent une odeur de marijuana. Lorsque je lui en fais la remarque, il me jure qu'il n'a pas fumé. Après confrontation douce, il avoue qu'il a rencontré un ami qui lui a offert un «joint» et qu'il a fumé avec lui. Promet de ne plus recommencer, car il ne veut pas perdre son privilège de sortie. Demande s'il pourra sortir demain comme prévu.

Relevez l'élément inacceptable dans cette note et précisez une bonne façon de le corriger.

À revoir

- **4** *Documentation au dossier*
- **5** Tableau *Habiletés de communication*
- **14**
  - *Apparition et évolution de la schizophrénie*
  - *Symptômes positifs*
  - *Symptômes négatifs*
  - *Démarche de soins*
- **16** *Perturbateurs du système nerveux central*
- **21** *Agranulocytose*

Intervention en situation de crise à la suite d'un abus de substances

Client : Jordan MacInley

Chapitres à consulter

Solutionnaire  

4 Évaluation de la condition mentale

14 Troubles du spectre de la schizophrénie et autres troubles psychotiques

21 Psychopharmacothérapie et autres thérapies biologiques

27 Situation de crise

Jordan MacInley, un jeune homme âgé de 26 ans, est atteint d'un trouble schizoaffectif depuis trois ans. Récemment, son colocataire a remarqué qu'il dormait moins et qu'il devenait irritable pour des riens. Par exemple, il a déchiré le contenu du sac de circulaires hebdomadaires en petits morceaux en maugréant qu'il en avait assez de subir les influences publicitaires pour consommer davantage.

Monsieur MacInley a été amené à l'urgence à 22 h 15 parce qu'il a essayé d'étrangler son colocataire. Au cours de la soirée, il a bu une bouteille de vin en 30 minutes et a reniflé plusieurs lignes de cocaïne ; il en consomme régulièrement, mais pas aussi intensément que cette fois. Il tenait des propos grivois et s'exprimait très rapidement, à tel point qu'il était difficile de suivre son discours.

Le client a des hallucinations auditives l'incitant à montrer qu'il est un être supérieur : « Je suis plus fort que tout le monde ici. Je suis l'homme le plus fort du monde. Personne ne peut me battre. Je peux tuer n'importe quelle bête féroce de mes mains. » Et en levant les bras au ciel, il ajoute : « Je suis un dieu invincible. » Il affirme également qu'il y a une armée de fourmis qui circulent au pas militaire dans ses veines. ▶

1. Nommez les huit symptômes d'un trouble schizoaffectif que présente monsieur MacInley.

2. À première vue, la condition de monsieur MacInley constitue-t-elle une urgence psychiatrique ? Justifiez votre réponse.

3. À quoi sert l'évaluation initiale que vous faites de la condition mentale actuelle du client?

4. Monsieur MacInley est-il dans un état psychotique actuellement? Justifiez votre réponse.

5. Qu'est-ce qui peut expliquer les hallucinations cénesthésiques du client?

6. Précisez trois éléments pertinents à évaluer quant à l'apparence générale et à l'attitude de monsieur MacInley.

7. Pour l'évaluation des opérations de la pensée de monsieur MacInley, diriez-vous que ses propos sont logiques? Justifiez votre réponse.

▶ Vous tentez de questionner monsieur MacInley à propos de sa consommation récente de substances, mais celui-ci n'écoute pas et répond: «Toujours les mêmes questions. J'suis le plus fort. J'sais ce que j'fais. Faites ben attention à ma force. J'veux pas rester ici plus longtemps.» ▶

8. Quel terme décrit le mieux les propos tenus par le client?

▶ Le colocataire de monsieur MacInley l'accompagne à l'urgence. Le client crie et le pointe du doigt: «C'est d'la faute à mon coloc si j'me r'trouve en enfer. Il m'a provoqué. Vous êtes tous des démons. J'veux pas brûler dans votre enfer. C'est l'enfer icitte.» Puis il se lève brusquement, déchire un drap, bouscule la civière et se précipite sur son colocataire en criant: «Le diable est là, le diable est là. Faut qu'j'sauve ma peau.» ▶

9. Dans cet épisode, quel élément manque-t-il pour évaluer complètement l'orientation de monsieur MacInley?

10. Comment faut-il qualifier le client d'après son niveau de conscience?

▶ Monsieur MacInley se trouve devant la porte de la salle d'examen, et vous êtes placée entre lui et son colocataire. Le client est visiblement menaçant. Cela vous fait peur, mais vous vous efforcez de ne pas le montrer. ▶

11. Quelle serait la meilleure façon d'assurer votre sécurité devant le comportement du client?

12. Devriez-vous demander à monsieur MacInley de se calmer? Justifiez votre réponse.

13. Quelles interventions devriez-vous effectuer avant d'envisager le recours à un moyen de contrôle (p. ex., une mesure de contention)?

14. Voici un extrait des notes d'évolution décrivant les deux épisodes précédents:

Extrait des notes d'évolution
2016-08-07 22:15 *Très agité et agressif +++. Menaçant envers son coloc. Désorienté et non coopératif. Crie et pointe son colocataire du doigt: « C'est d'la faute à mon coloc si j'me r'trouve en enfer. Il m'a provoqué. Vous êtes tous des démons. J'veux pas brûler dans votre enfer. C'est l'enfer icitte. » Se lève brusquement, déchire un drap, bouscule la civière et se précipite sur son colocataire en criant: « Le diable est là, le diable est là. Faut qu'j'sauve ma peau. »*

Relevez les trois éléments de cette note qui ne sont pas descriptifs et expliquez pourquoi ils ne le sont pas.

15. Que devriez-vous ajouter à la note pour qu'elle soit complète?

▶ Monsieur MacInley a reçu de l'halopéridol (Haldol[MD]) 2,5 mg et du lorazépam (Ativan[MD]) 1 mg en injection I.M. Il montre des signes d'anxiété grave et présente une crise oculogyre et un glossospasme. Le médecin demande alors qu'on lui administre de la benztropine (Cogentin[MD]) 2 mg I.M. ◀

16. Pourquoi l'injection de benztropine est-elle indiquée pour ce client?

À revoir

4
- *Évaluation initiale*
- *Examen de l'état mental*
- *Documentation au dossier*

14 *Trouble schizoaffectif*

21
- *Pharmacocinétique et posologie*
- *Effets extrapyramidaux*

27 *Crise psychopathologique et urgence psychiatrique*

Trouble bipolaire (*première partie*) Épisode maniaque

Client: Jean-Daniel Plourde

Chapitre à consulter

11 Troubles dépressifs, bipolaires et apparentés

Jean-Daniel Plourde est âgé de 20 ans. De nature sportive, il a effectué un voyage à New York seul en vélo. Tout excité, voire exalté, il dormait peu et se sentait débordant d'énergie au point où il ne tolérait aucun obstacle à ses projets de visite (p. ex., il maugréait constamment parce que les musées n'ouvraient pas assez tôt ou il s'impatientait s'il devait attendre dans une file). À son retour, il suit des cours de photo et, pour s'adonner à fond à cette nouvelle passion, il s'achète un appareil sophistiqué et coûteux. Il a même construit une cabane perchée dans un gros arbre sur le terrain de la maison familiale et y passe beaucoup de temps. « Je suis un avatar », dit-il.

Monsieur Plourde voulait étudier en France et avait été accepté à la Faculté des lettres de l'Université de Lille. Cependant, il n'arrive pas à remplir les obligations d'inscription et à faire les démarches nécessaires pour s'installer là-bas le temps de ses études parce qu'il est constamment fatigué ; il se décourage devant l'ampleur des tâches à réaliser. Il croit d'abord à une mononucléose. Puisque son médecin de famille n'a diagnostiqué aucun problème physique, monsieur Plourde décide alors de consulter un psychiatre. « Ça va pas dans ma tête, j'me sens pas bien », lui dit-il. Un diagnostic de trouble bipolaire a vite été posé, à son grand soulagement : « Maintenant je comprends pourquoi j'me sens mal. » ▶

1. Quels sont les trois symptômes d'un épisode maniaque que monsieur Plourde a présentés ?

2. Quel symptôme émotionnel le client a-t-il également présenté ?

3. Monsieur Plourde montrait-il des symptômes cognitifs d'un épisode maniaque? Justifiez votre réponse.

4. Montrait-il de la fuite des idées? Justifiez votre réponse.

5. Qu'est-ce qui fait dire que monsieur Plourde avait de la difficulté à respecter des limites physiques?

▶ Pendant son premier épisode de manie, l'attention de monsieur Plourde était attirée par toutes sortes d'éléments, sans distinction. Lors de ses visites dans les musées, il pouvait tout aussi bien admirer les poignées de porte des salles, les lustres ou les uniformes des surveillants. D'ailleurs, il engageait facilement la conversation avec ces derniers, allant même jusqu'à les questionner sur leur vie privée. ▶

6. D'après ces nouvelles données, qu'est-ce qui caractérise l'attention de monsieur Plourde?

7. Qu'est-ce qui peut expliquer le comportement social de monsieur Plourde envers les surveillants des musées?

▶ À l'auberge de jeunesse où il logeait, monsieur Plourde discutait facilement avec d'autres personnes; en fait, c'est surtout lui qui parlait, ne prêtant aucune attention à ce que les autres disaient. « Je suis très sportif et en super forme. Je n'ai pas besoin de dormir beaucoup. J'ai de l'énergie à revendre, disait-il en s'agitant constamment. J'ai un vélo performant qui m'a coûté cher, poursuivait-il en faisant le mouvement de pédaler. Je voyage à peu de frais. Je vais m'inscrire dans une université en France. Je vais faire toutes les démarches quand je retournerai au Québec. C'est certain qu'on va m'accepter, j'ai un excellent dossier. Toute une aventure qui m'attend », disait-il avec un débit verbal rapide sans pause. ▶

8. Quels sont les deux symptômes comportementaux d'un épisode maniaque qui ressortent des propos de monsieur Plourde?

9. Que pourriez-vous observer dans l'apparence du client?

▶ Monsieur Plourde est resté à New York pendant deux semaines. Durant son séjour, il a rencontré beaucoup de jeunes de son âge, et il racontait sa vie à qui voulait bien l'entendre. Il a multiplié les aventures bisexuelles, sans protection la plupart du temps : « Je suis tellement beau et irrésistible qu'on ne peut que succomber à mes charmes », disait-il à ses partenaires passagers. ▶

10. Quels symptômes de la manie reconnaissez-vous dans ces nouvelles données ?

11. Comment pourriez-vous déterminer si monsieur Plourde est conscient de ses changements comportementaux ?

12. Pourquoi serait-il pertinent de savoir si des personnes de l'entourage du client ont remarqué chez lui des changements de comportements, comme de l'irritabilité ou de l'hyperactivité ?

▶ Monsieur Plourde rit pour des riens et siffle ou chante presque constamment. Il parcourt au moins 70 km en vélo chaque jour et a de la difficulté à rester calme à la maison à relaxer : « Il faut que je bouge tout l'temps », dit-il. N'ayant pas de partenaire stable, il recherche les aventures bisexuelles comme lorsqu'il était à New York : « J'ai toujours le goût de faire l'amour », répète-t-il.
Il dit avoir moins besoin de sommeil que d'habitude parce qu'il est très en forme, mais il devient irritable si ses parents lui en font la remarque. D'ailleurs, il est loquace et ne se laisse pas interrompre, peu importe les sujets qu'il aborde. Il lui arrive souvent de perdre le fil de son discours.
Même s'il se vante de ses exploits sportifs et se définit comme un grand cycliste, il ne tient pas de propos délirants. Malgré son irritabilité, il ne montre aucun signe menaçant envers les autres, mais élève facilement la voix.
Ses vêtements sont propres, mais il se moque de l'agencement des couleurs. Il porte toujours un bandeau sur la tête, sa chemise est à demi boutonnée et presque complètement sortie de son pantalon. Ses chaussures ne sont pas attachées, et il se traîne les pieds.
Monsieur Plourde constate qu'il ne va pas bien. C'est d'ailleurs la raison pour laquelle il a accepté de consulter un psychiatre, n'ayant aucun problème de santé physique. ◀

13. À partir de ces données, remplissez l'échelle de manie de Young (*voir le tableau à la page suivante*).

À revoir

11
- *Troubles bipolaires*
- Encadré *Épisode maniaque et épisode maniaque (ou hypomaniaque) avec caractéristiques mixtes*
- *Démarche de soins*
- Tableau *Échelle de manie de Young*

Échelle de manie de Young[a]

SCORE	OBSERVATION	SCORE	OBSERVATION
1. Élévation de l'humeur		**3. Intérêt sexuel**	
0	Absente	0	Normal ; non augmenté
1	Légèrement ou possiblement élevée lorsqu'on l'interroge	1	Augmentation légère ou possible
2	Élévation subjective nette ; optimiste, plein d'assurance ; gai ; contenu approprié	2	Clairement augmenté lorsqu'on l'interroge
3	Élevée, au contenu inapproprié ; plaisantin	3	Parle spontanément de la sexualité ; élabore sur des thèmes sexuels ; se décrit comme étant hypersexuel
4	Euphorique ; rires inappropriés ; chante	4	Agissements sexuels manifestes (envers les patients, les membres de l'équipe ou l'évaluateur)
2. Activité motrice et énergie augmentées		**4. Sommeil**	
0	Absentes	0	Ne rapporte pas de diminution de sommeil
1	Subjectivement élevées	1	Dort jusqu'à une heure de moins que d'habitude
2	Animé ; expression gestuelle plus élevée	2	Sommeil réduit de plus de une heure par rapport à l'habitude
3	Énergie excessive ; parfois hyperactif ; agité (peut être calmé)	3	Rapporte un moins grand besoin de sommeil
4	Excitation motrice ; hyperactivité continuelle (ne peut être calmé)	4	Nie le besoin de sommeil

Échelle de manie de Young[a] (*suite*)

SCORE	OBSERVATION
5. Irritabilité	
0	Absente
1	Subjectivement augmentée
2	Irritable par moment durant l'entretien ; épisodes récents d'énervement ou de colère dans le service
3	Fréquemment irritable durant l'entretien ; brusque ; abrupt
4	Hostile, non coopératif ; évaluation impossible
6. Discours (débit et quantité)	
0	Pas augmenté
1	Se sent bavard
2	Augmentation du débit ou de la quantité par moments ; prolixe par moments
3	Soutenu ; augmentation consistante du débit ou de la quantité ; difficile à interrompre
4	Sous pression ; impossible à interrompre ; discours continu
7. Langage – troubles de la pensée	
0	Absent
1	Circonstanciel ; légère distractivité ; pensées rapides
2	Distractivité ; perd le fil de ses idées ; change fréquemment de sujet ; pensées accélérées
3	Fuite des idées ; réponses hors sujet ; difficile à suivre ; fait des rimes, écholalie
4	Incohérent ; communication impossible
8. Contenu	
0	Normal
1	Projets discutables ; intérêts nouveaux
2	Projet(s) particulier(s) ; hyper religieux
3	Idées de grandeur ou de persécution ; idées de référence
4	Délires ; hallucinations

SCORE	OBSERVATION
9. Comportement agressif et perturbateur	
0	Absent, coopératif
1	Sarcastique ; parle fort par moments, sur la défensive
2	Exigeant ; fait des menaces dans le service
3	Menace l'évaluateur ; crie ; évaluation difficile
4	Agressif physiquement ; destructeur ; évaluation impossible
10. Apparence	
0	Soigné et habillement adéquat
1	Légèrement négligé
2	Peu soigné ; modérément débraillé ; trop habillé
3	Débraillé ; à moitié nu ; maquillage criard
4	Complètement négligé ; orné ; accoutrement bizarre
11. Introspection	
0	Présente ; admet être malade ; reconnaît le besoin de traitement
1	Éventuellement malade
2	Admet des changements de comportement, mais nie la maladie
3	Admet de possibles changements de comportement, mais nie la maladie
4	Nie tout changement de comportement

[a] L'échelle de manie de Young résume les symptômes possibles de la manie. Elle est utilisée par un clinicien professionnel. Un score de gravité est accordé à chaque élément.

Source : Favre, Aubry, McQuillan *et al.* (2003)

Situation de santé **Jugement clinique**

SA09

Trouble bipolaire (*deuxième partie*) Épisode dépressif

Client : Jean-Daniel Plourde

Chapitres à consulter

Solutionnaire  

4 Évaluation de la condition mentale

11 Troubles dépressifs, bipolaires et apparentés

21 Psychopharmacothérapie et autres thérapies biologiques

Jean-Daniel a été accepté à la Faculté des lettres de l'Université de Lille en France. Comme il est dans une phase dépressive de son trouble bipolaire, il n'a pas l'énergie pour compléter les démarches d'inscription et abandonne son projet d'étudier à l'étranger. Il est maintenant hospitalisé à l'unité de psychiatrie. Le psychiatre lui a prescrit de la lamotrigine (Lamictal[MD]) 25 mg die (à augmenter de 25 mg par semaine jusqu'à une dose de 200 mg die), de la quétiapine (Seroquel[MD]) 25 mg t.i.d. et du lithium carbonate (Carbolith[MD]) 300 mg b.i.d. ▶

1. Pourquoi le psychiatre a-t-il prescrit de la lamotrigine au client ?

2. Considérant les médicaments qu'il prend, devriez-vous surveiller particulièrement la présence d'effets extrapyramidaux chez monsieur Plourde ? Justifiez votre réponse.

3. Pourquoi est-il important d'aviser monsieur Plourde qu'il devra suivre le traitement au lithium toute sa vie?

▶ Monsieur Plourde prend du lithium depuis deux semaines. Le résultat de la dernière lithémie est de 1,3 mmol/L. ▶

4. Devriez-vous craindre des effets toxiques du lithium? Justifiez votre réponse.

5. D'après les résultats de la lithémie, la dose de lithium devrait-elle être modifiée? Justifiez votre réponse.

▶ Monsieur Plourde se plaint de céphalées et d'étourdissements. Avant son hospitalisation, il devait rencontrer son optométriste pour subir un examen de la vue, car il avait constaté que sa vision était floue. Il a souvent des problèmes de constipation, bien qu'il soit habituellement très actif. ▶

6. Parmi les malaises énumérés dans cet épisode, lesquels sont des effets indésirables de la lamotrigine?

7. Y a-t-il des effets toxiques du lithium reconnaissables dans les malaises exprimés par le client? Justifiez votre réponse.

▶ Monsieur Plourde dort beaucoup; lorsqu'il ne dort pas, il reste couché la plupart du temps: «J'suis tellement fatigué que... (longue pause)... J'sais pas... (longue pause à nouveau)... T'sais veux dire... (encore une longue pause)... Dormir», dit-il très lentement sur un ton monocorde. Il a perdu du poids avant d'être hospitalisé et ne l'a pas repris depuis. ▶

8. Quel terme médical décrit le cours de la pensée du client?

9. Trouvez trois questions à poser au client pour évaluer son état nutritionnel.

10. Vous demandez à monsieur Plourde s'il s'est senti particulièrement au ralenti dernièrement et si les autres lui ont dit qu'il semblait bouger ou parler plus lentement que d'habitude. Pourquoi est-il pertinent de lui demander cela?

11. Quelle question vous permettrait de recueillir de l'information sur l'humeur actuelle du client?

12. Voici un extrait du PTI de monsieur Plourde. Ajoutez deux problèmes prioritaires nécessitant un suivi clinique particulier.

Extrait

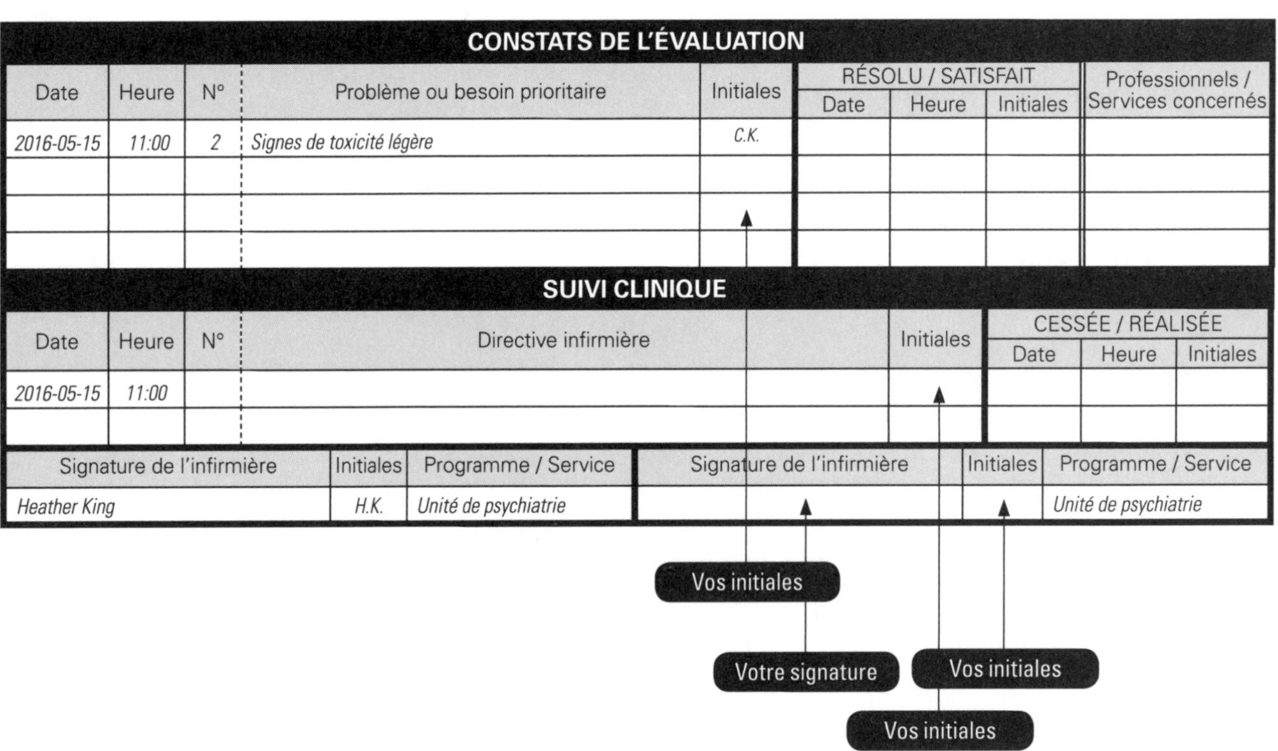

CONSTATS DE L'ÉVALUATION

Date	Heure	N°	Problème ou besoin prioritaire	Initiales	RÉSOLU / SATISFAIT			Professionnels / Services concernés
					Date	Heure	Initiales	
2016-05-15	11:00	2	Signes de toxicité légère	C.K.				

SUIVI CLINIQUE

Date	Heure	N°	Directive infirmière	Initiales	CESSÉE / RÉALISÉE		
					Date	Heure	Initiales
2016-05-15	11:00						

Signature de l'infirmière	Initiales	Programme / Service	Signature de l'infirmière	Initiales	Programme / Service
Heather King	H.K.	Unité de psychiatrie			Unité de psychiatrie

13. Émettez une directive infirmière pour assurer le suivi clinique du problème prioritaire n° 2.

14. Voici un extrait des notes d'évolution de l'infirmière :

Extrait des notes d'évolution
2016-05-15 11:00 Dort profondément pendant de longues heures. Reste couché lorsqu'il ne dort pas. Fatigué +++.

Quelle partie de cette note est acceptable ?

► Les parents du client sont mariés et ont deux enfants. Véronique, l'aînée, est âgée de 23 ans. Les grands-parents paternels sont vivants, mais le grand-père, âgé de 74 ans, est atteint de la maladie d'Alzheimer. Du côté maternel, le grand-père est décédé d'un infarctus du myocarde en 2002, et la grand-mère, toujours vivante, a déjà été traitée pour trouble dépressif caractérisé en 1999. Le client a fait une péricardite l'année précédant son épisode de manie. Son oncle, le frère jumeau de son père, est également atteint d'un trouble bipolaire. ►

15. À partir des données de ce paragraphe, constituez le génogramme du client.

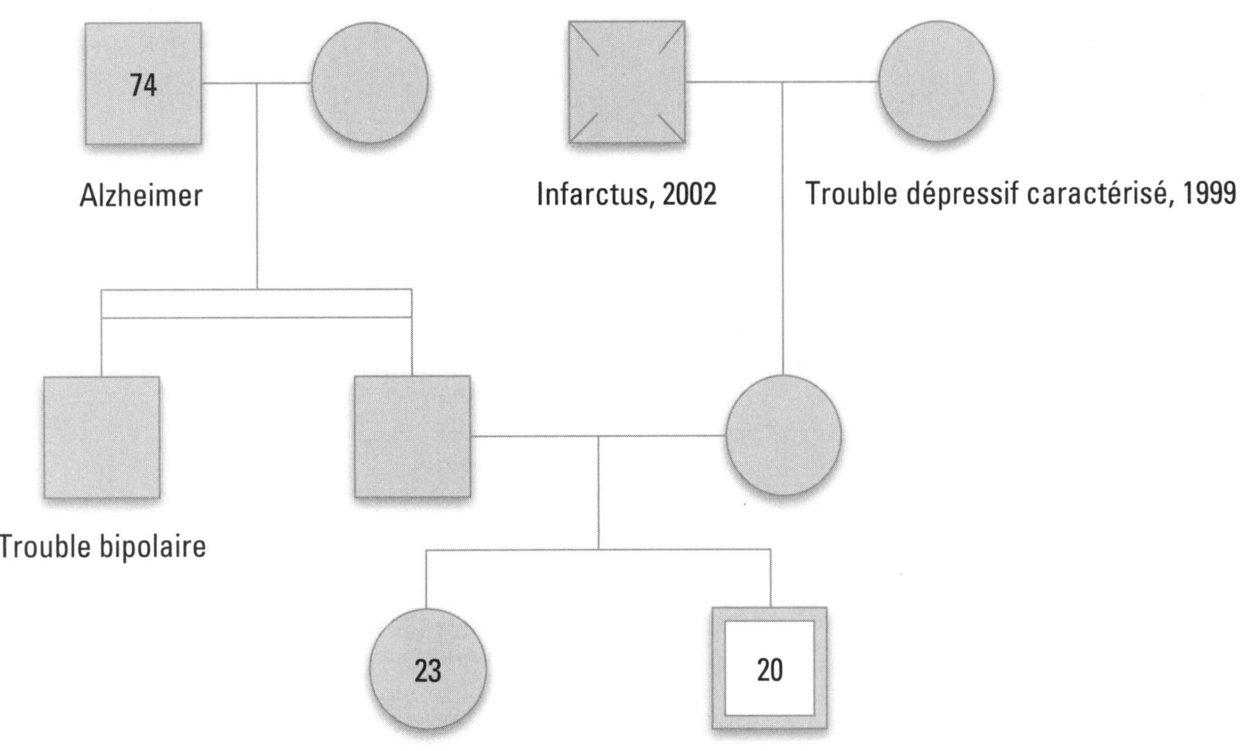

▶ Monsieur Plourde pourra quitter l'hôpital dans quelques jours. Vous avez appris qu'il avait déjà fumé quelques «joints» dans le passé, mais il n'en consomme plus depuis qu'il a été traité pour une péricardite. Il ne boit pas d'alcool parce qu'il n'aime pas ça. ◀

16. Quel serait le principal facteur qui pourrait contribuer à une rechute d'un épisode de manie ou de dépression chez le client?

____

____

____

17. Vous vous présentez à la chambre de monsieur Plourde pour lui administrer son comprimé de quétiapine. Le client est couché dans son lit avec un masque sur les yeux et vous dit: « J'me sens pas bien, ça va pas. La tête va m'sauter, j'vois pas clair, tout tourne. » Pour compléter l'évaluation de son état, vous prenez son pouls (112 bpm [valeurs habituelles: entre 74 et 88 bmp]) et sa P.A. (160/92 mm Hg [valeurs habituelles: entre 114/76 et 122/82 mm Hg]).

D'après l'arbre décisionnel de la page suivante, devriez-vous lui donner son médicament?

____

____

À revoir

4
- *Histoire de santé*
- *Examen de l'état mental*
- *Documentation au dossier*

11
- Tableau *Troubles dépressifs*
- Tableau *Problèmes pouvant être associés aux troubles dépressifs, bipolaires et apparentés*

21
- *Effets extrapyramidaux*
- *Lithium*
- Tableau *Principaux effets indésirables des anticonvulsivants*
- Tableau *Principales caractéristiques des antipsychotiques*
- Tableau *Indications des anticonvulsivants et autres stabilisateurs de l'humeur approuvées au Canada (chez l'adulte): traitement des troubles bipolaires*

Arbre décisionnel

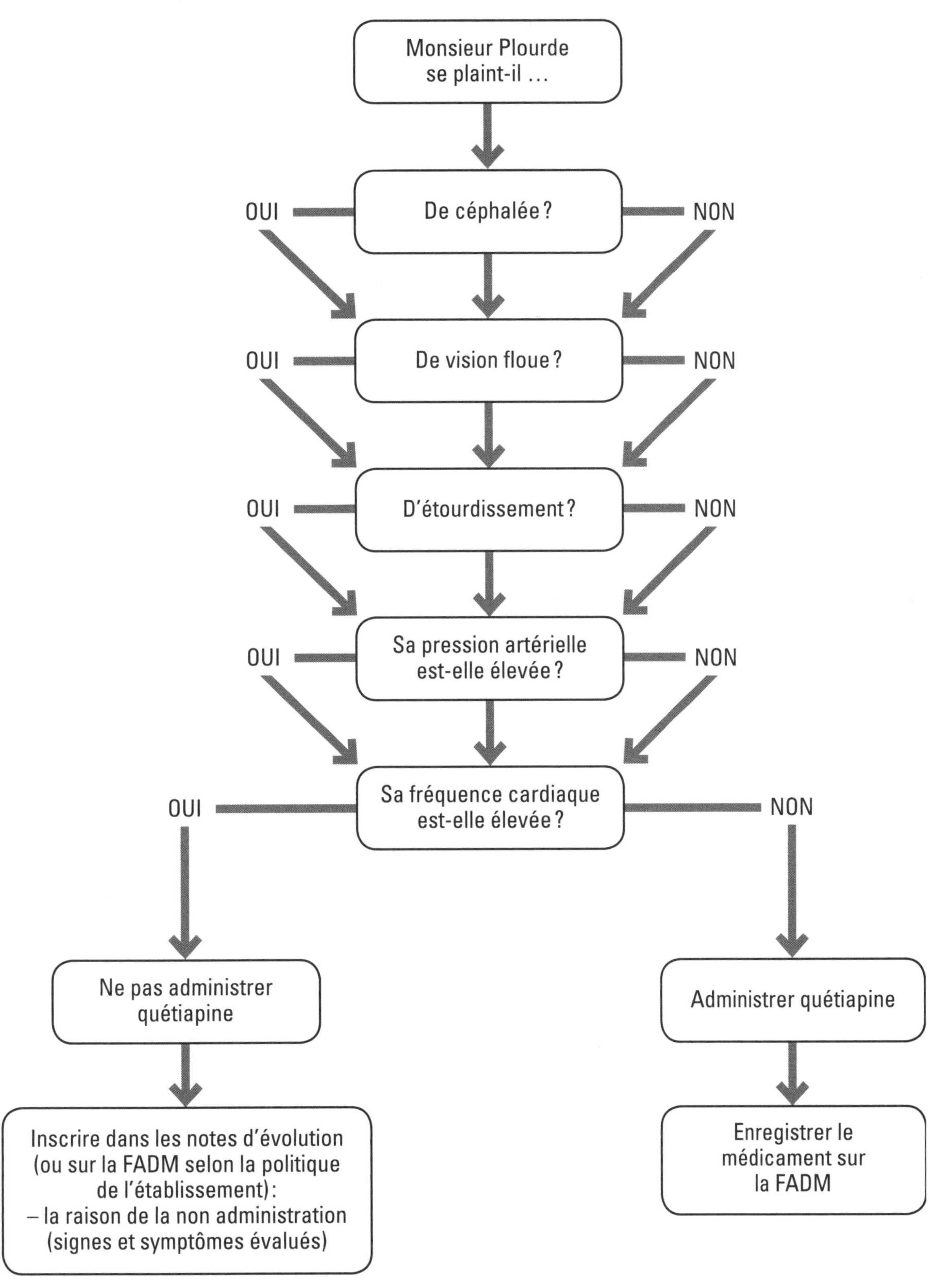
Monsieur Plourde se plaint-il ...
De céphalée ?
OUI
NON
De vision floue ?
OUI
NON
D'étourdissement ?
OUI
NON
Sa pression artérielle est-elle élevée ?
OUI
NON
Sa fréquence cardiaque est-elle élevée ?
OUI
NON
Ne pas administrer quétiapine
Inscrire dans les notes d'évolution (ou sur la FADM selon la politique de l'établissement) :
– la raison de la non administration (signes et symptômes évalués)
Administrer quétiapine
Enregistrer le médicament sur la FADM

Situation de santé **Jugement clinique**

SA10

Maladie d'Alzheimer

Cliente : Régine Portelance

Chapitres à consulter

Solutionnaire 

4 Évaluation de la condition mentale

17 Troubles neurocognitifs

Régine Portelance, âgée de 78 ans, est en hébergement depuis 8 mois pour maladie d'Alzheimer. Avant d'y être admise, elle habitait avec sa fille aînée. Celle-ci avait remarqué que sa mère rangeait parfois la bouilloire électrique dans le réfrigérateur ou plaçait ses vêtements propres dans la baignoire. Elle utilisait sa brosse à dents pour se peigner et, fervente des jeux de cartes, elle demandait à sa fille : « Qu'est-ce que c'est, ces p'tits bouts de carton ? À quoi ça sert ? » ▶

1. Quel type de perte de mémoire madame Portelance présentait-elle avant d'être admise au centre d'hébergement ?

2. Nommez deux outils d'évaluation que vous pouvez utiliser pour évaluer les problèmes cognitifs de la cliente. Quelle est la condition essentielle à respecter pour que vous puissiez le faire ?

3. Madame Portelance montrait-elle des signes d'apraxie ? Justifiez votre réponse.

4. Quel terme désigne l'incapacité de la cliente à reconnaître les cartes à jouer ?

▶ Depuis qu'elle vit en hébergement, madame Portelance répète souvent que c'est bon pour la santé de manger de la neige et de boire du pain. Elle peut rire et se fâcher sans raison apparente et elle marche dans le corridor pendant environ 45 minutes en entrant dans les chambres des autres clients. Il lui arrive même de se coucher dans leur lit parce qu'elle est fatiguée. Ces comportements sont manifestes après le souper. ▶

5. À la suite de l'analyse de ces données, quel problème prioritaire devrait être inscrit dans le PTI de la cliente ?

Extrait

CONSTATS DE L'ÉVALUATION								
Date	Heure	N°	Problème ou besoin prioritaire	Initiales	RÉSOLU / SATISFAIT Date	Heure	Initiales	Professionnels / Services concernés
2016-06-18	19:00	2						

Signature de l'infirmière	Initiales	Programme / Service	Signature de l'infirmière	Initiales	Programme / Service
		Unité prothétique			

Votre signature — Vos initiales — Vos initiales

▶ Lorsqu'un membre du personnel demande à madame Portelance d'aller dans sa chambre, elle n'arrive pas à la retrouver sans aide. Dans ces moments-là, elle manifeste de l'agressivité envers les soignants. Elle crie, fait de grands gestes avec les bras, cherche même à frapper le personnel et pleure. ▶

6. Qu'est-ce qui peut expliquer les comportements de la cliente?

7. D'après les comportements de la cliente, quel autre problème prioritaire pouvez-vous ajouter au PTI?

Extrait

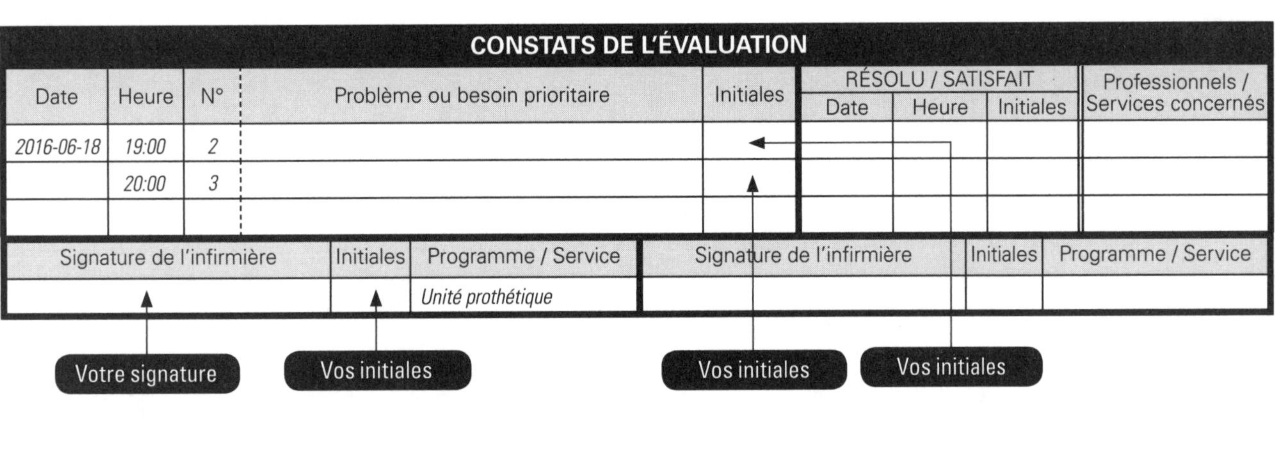

CONSTATS DE L'ÉVALUATION								
Date	Heure	N°	Problème ou besoin prioritaire	Initiales	RÉSOLU / SATISFAIT Date	Heure	Initiales	Professionnels / Services concernés
2016-06-18	19:00	2						
	20:00	3						

Signature de l'infirmière	Initiales	Programme / Service	Signature de l'infirmière	Initiales	Programme / Service
		Unité prothétique			

8. Madame Portelance ne se calme pas même si vous lui parlez doucement et que vous ne la touchez pas. Que pouvez-vous faire alors pour mettre un terme à ses comportements ou, à tout le moins, pour les réduire?

9. Voici un extrait des notes d'évolution décrivant les comportements de la cliente :

Extrait des notes d'évolution
2016-06-18 19:00 Propos incohérents : répète souvent que c'est bon pour la santé de manger de la neige et de boire du pain. Rit et se fâche sans raison apparente. Marche dans le corridor pendant environ 45 minutes en entrant dans les chambres des autres clients. Comportement inacceptable (retrouvée couchée dans la chambre 2310).
20:00 Lorsqu'une PAB lui demande d'aller dans sa chambre, elle n'arrive pas à la retrouver si on ne l'y conduit pas. Menaçante, pleure très fort et pousse des cris aigüs.

Relevez les deux éléments inacceptables dans cette note et expliquez pourquoi ils le sont.

▶ Depuis quelques jours, madame Portelance parle de moins en moins, même lorsque le personnel s'adresse à elle pour lui donner des consignes simples. Par contre, elle répète souvent qu'on lui veut du mal en regardant les soignants du coin de l'œil. « Les autres malades m'aiment pas, c'est clair », répète-t-elle tout bas pour elle-même. ▶

10. Quel autre problème prioritaire nécessiterait un suivi clinique particulier chez madame Portelance ? Inscrivez votre réponse vis-à-vis du n° 4 dans l'extrait du PTI.

Extrait

CONSTATS DE L'ÉVALUATION								
Date	Heure	N°	Problème ou besoin prioritaire	Initiales	RÉSOLU / SATISFAIT			Professionnels / Services concernés
					Date	Heure	Initiales	
2016-06-18	19:00	2						
	20:00	3						
2016-06-27	13:00	4						

Signature de l'infirmière	Initiales	Programme / Service	Signature de l'infirmière	Initiales	Programme / Service
		Unité prothétique			

Votre signature — Vos initiales — Vos initiales — Vos initiales — Vos initiales

11. D'après la bonne réponse à la question 10, que pourriez-vous observer d'autre pour confirmer ce problème prioritaire ?

12. Quel outil d'évaluation l'infirmière pourrait-elle utiliser pour reconnaître les signes de dépression chez madame Portelance ?

13. Madame Portelance a perdu 1 kg en 15 jours. Devriez-vous vous en préoccuper? Justifiez votre réponse.

---

14. Lorsque vous entrez dans la chambre de la cliente pour lui donner ses médicaments, elle gémit et semble souffrante. Sur quoi vous baserez-vous pour évaluer sa douleur le plus objectivement possible?

▶ Madame Portelance est de moins en moins capable de s'alimenter seule. Il faut la faire manger la plupart du temps, car elle tousse beaucoup en mangeant; son visage devient rouge, elle a des haut-le-cœur, et son rythme respiratoire est irrégulier. ▶

15. Nommez au moins quatre autres signes indicateurs d'une aspiration silencieuse que pourrait présenter madame Portelance.

---

16. Vous avez ajouté un nouveau problème prioritaire dans le PTI de madame Portelance. Écrivez une directive infirmière pour le problème prioritaire n° 5. La directive doit pouvoir être applicable par les PAB et par la fille de la cliente.

Extrait

CONSTATS DE L'ÉVALUATION

Date	Heure	N°	Problème ou besoin prioritaire	Initiales	RÉSOLU / SATISFAIT			Professionnels / Services concernés
					Date	Heure	Initiales	
2016-06-18	*19:00*	*2*						
	20:00	*3*						
2016-06-27	*13:00*	*4*						
2016-07-21	*12:00*	*5*	*Risque d'aspiration*					

SUIVI CLINIQUE

Date	Heure	N°	Directive infirmière	Initiales	CESSÉE / RÉALISÉE		
					Date	Heure	Initiales
2016-07-21	*12:00*	*5*					

Signature de l'infirmière	Initiales	Programme / Service	Signature de l'infirmière	Initiales	Programme / Service
		Unité prothétique			

Votre signature — Vos initiales — Vos initiales — Vos initiales

▶ Vous avez entendu une PAB dire à la cliente : « Viens avec moi, mamie, c'est l'heure du bain. » ▶

17. Devriez-vous reprendre la préposée à cause de ses paroles envers la cliente ? Justifiez votre réponse.

▶ Lorsque vous vous adressez à la cliente, vous utilisez toujours les mêmes mots (p. ex., *prenez vos médicaments*). Vous attendez qu'elle ait exécuté la tâche demandée avant de lui en proposer une autre. ◀

18. En quoi cette approche est-elle bénéfique pour la cliente ?

19. Le médecin a prescrit de la rispéridone (Risperdal[MD]) à madame Portelance. Qu'est-ce qui peut justifier une telle prescription pour cette cliente ?

À revoir

4
- *Documentation au dossier*
- Tableau *Exemple de grilles et d'échelles d'évaluation*

17
- *Caractéristiques générales*
- *Maladie d'Alzheimer*
- *Phases du trouble neurocognitif dû à la maladie d'Alzheimer*
- Encadré *Symptômes de la maladie d'Alzheimer pouvant être observés à la collecte des données*
- *Évaluer les manifestations physiques*
- Tableau *Soutenir une personne atteinte d'un trouble neurocognitif*
- *Psychopharmacothérapie*
- Tableau *Soutenir un client ayant une réaction catastrophique*

Situation de santé **Jugement clinique**

Électroconvulsivothérapie chez une personne dépressive

Cliente : Mathilde Joncas

Chapitres à consulter

Solutionnaire

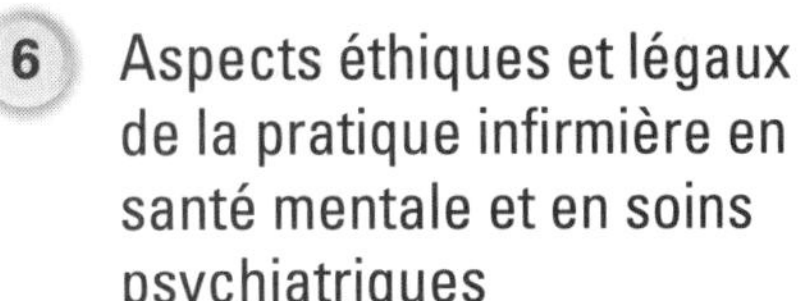

6 Aspects éthiques et légaux de la pratique infirmière en santé mentale et en soins psychiatriques

11 Troubles dépressifs, bipolaires et apparentés

21 Psychopharmacothérapie et autres thérapies biologiques

Mathilde Joncas, âgée de 65 ans, souffre d'un trouble dépressif caractérisé récurrent. Dans le passé, elle a d'ailleurs fait une tentative de suicide en avalant un contenant de comprimés d'aspirine. Elle est hospitalisée à l'unité de psychiatrie en raison d'une nouvelle tentative de suicide par lacération au poignet gauche.

La cliente dit n'avoir aucun goût de vivre. « Ma vie a toujours été un grand vide. Je ne sais pas ce que ça veut dire avoir du plaisir dans la vie », dit-elle sur un ton triste et monocorde. Elle prend de la fluoxétine (Prozac^{MD}) 80 mg die le matin depuis 4 semaines, mais le médicament ne semble pas améliorer sa condition. Auparavant, elle a reçu deux autres antidépresseurs de classes différentes, mais malgré une dose thérapeutique de chacun d'eux, madame Joncas n'a pas répondu au traitement. ▶

1. Quels sont les deux principaux symptômes du trouble dépressif caractérisé de madame Joncas à ce stade-ci ?

____

____

____

____

____

____

2. Devriez-vous vérifier si la cliente a des idées délirantes et des hallucinations ? Justifiez votre réponse.

____

____

____

____

____

____

____

3. Que pourriez-vous observer quant à la posture de la cliente ?

____

____

____

____

____

____

▶ Après le petit-déjeuner, vous demandez à madame Joncas de faire sa toilette et de mettre des vêtements propres. Une heure plus tard, la cliente n'a pas bougé de son fauteuil ; elle n'a même pas commencé à se laver et elle porte encore sa robe de nuit. ▶

4. Comment expliquez-vous l'inertie de la cliente?

▶ Madame Joncas parle de suicide tous les jours: «Ce n'est que partie remise», dit-elle. Le psychiatre prévoit un traitement d'électroconvulsivothérapie (ECT) pour la cliente. Voici un extrait de son PTI. ▶

Extrait

CONSTATS DE L'ÉVALUATION								
Date	Heure	N°	Problème ou besoin prioritaire	Initiales	RÉSOLU / SATISFAIT			Professionnels / Services concernés
					Date	Heure	Initiales	
2016-06-25	*20:15*	*1*	*Tentative de suicide par lacération au poignet gauche*	*S.H.*				
2016-06-28	*12:00*	*2*						

Signature de l'infirmière	Initiales	Programme / Service	Signature de l'infirmière	Initiales	Programme / Service
Samantha Hope	*S.H.*	*Unité de psychiatrie*			
		Unité de psychiatrie			

Votre signature — Vos initiales — Vos initiales

5. Ajoutez un problème prioritaire en lien avec les données de cet épisode.

6. Dans le cas de madame Joncas, quelles seraient les deux indications d'un traitement d'ECT?

7. Si madame Joncas était atteinte d'un trouble anxieux plutôt que d'un trouble dépressif, le médecin aurait-il prévu ce type de traitement? Justifiez votre réponse.

8. Compte tenu de son état dépressif, comment devriez-vous vérifier si la cliente est apte à consentir à un tel traitement?

▶ C'est la première fois que madame Joncas subira un traitement d'ECT. Elle a accepté de signer le formulaire de consentement. ▶

9. Pour cette cliente, devriez-vous considérer son consentement signé comme valide ? Justifiez votre réponse.

10. Le matin du traitement, vous devez procéder à certaines vérifications. Nommez-en trois.

▶ Madame Joncas se trouve présentement dans la salle de traitement. Un moniteur cardiaque et un électro-encéphalographe ont été installés. Avant le traitement comme tel, vous lui avez administré une injection d'atropine 0,5 mg I.M. ▶

11. Pourquoi ces appareils de monitorage sont-ils nécessaires pendant le traitement d'ECT ?

12. Pour quelles raisons administrez-vous l'atropine à la cliente ?

▶ À son réveil, après le traitement, madame Joncas tient des propos confus : « Où sont mes broches à tricoter, faut que j'brasse ma soupe. » ▶

13. Est-il normal que la cliente présente de la confusion après son traitement ? Justifiez votre réponse.

14. Madame Joncas sait qu'elle se trouve à l'hôpital, mais elle ne se souvient pas pourquoi elle est hospitalisée. Quel type d'amnésie manifeste-t-elle après son traitement ?

15. En plus des manifestations déjà mentionnées, nommez deux autres points que vous devez évaluer chez la cliente après le traitement.

▶ Madame Joncas était à jeun pour son traitement. Il est 9 h 30, et la cliente est revenue à sa chambre il y a 5 minutes. Elle est orientée dans les trois sphères malgré une légère somnolence. ▶

16. Devriez-vous lui apporter son plateau de petit-déjeuner maintenant ? Justifiez votre réponse.

▶ Il est 15 h. Madame Joncas tient encore des propos confus par périodes. Par exemple, lorsque vous lui demandez si tout va bien, elle dit : « Ça n'a pas d'importance que mon chien n'ait pas de plumes. Je vais prendre l'autobus pour grimper dans l'arbre, là. » Elle n'a pas reconnu son fils qui est venu la visiter en début d'après-midi et elle ne sait pas exactement où elle se trouve à l'heure actuelle. ◀

17. Inscrivez une directive infirmière dans le PTI de la cliente pour assurer le suivi clinique du problème n° 3.

Extrait

CONSTATS DE L'ÉVALUATION								
Date	Heure	N°	Problème ou besoin prioritaire	Initiales	RÉSOLU / SATISFAIT			Professionnels / Services concernés
					Date	Heure	Initiales	
2016-06-25	*20:15*	*1*	*Tentative de suicide par lacération au poignet gauche*	*S.H.*				
2016-06-28	*12:00*	*2*						
2016-07-02	*15:00*	*3*	*État confusionnel et désorientation post-ECT*	*S.H.*				

SUIVI CLINIQUE							
Date	Heure	N°	Directive infirmière	Initiales	CESSÉE / RÉALISÉE		
					Date	Heure	Initiales
2016-07-02	*15:00*						

Signature de l'infirmière	Initiales	Programme / Service	Signature de l'infirmière	Initiales	Programme / Service
Samantha Hope	*S.H.*	*Unité de psychiatrie*			
		Unité de psychiatrie			

Votre signature — Vos initiales — Vos initiales — Vos initiales

18. Voici un extrait des notes d'évolution en lien avec le problème prioritaire n° 3 :

Extrait des notes d'évolution
2016-07-02 15:00 Un peu confuse par périodes et désorientée. Continuons à surveiller.

Cette note est inacceptable. Réécrivez-la pour qu'elle soit plus descriptive de la condition clinique de madame Joncas.

À revoir

6 *Droits au consentement et au refus de soins*

11 *Trouble dépressif caractérisé*

21 *Électroconvulsivothérapie*

Situation de santé **Jugement clinique**

SA12

Idées suicidaires chez une jeune femme dépressive

Cliente : Nathalie Jasmin

Chapitres à consulter Solutionnaire

4 Évaluation de la condition mentale

5 Communication et relation thérapeutique

7 Neurobiologie et santé mentale

28 Suicide

Nathalie Jasmin est une jeune femme âgée de 22 ans. Elle a été victime d'inceste et de violence physique pendant son enfance. Alors qu'elle avait 10 ans, elle a été placée en famille d'accueil, où elle a également subi des sévices corporels. Elle a même séjourné dans un centre pour jeunes filles en difficulté ; elle s'est enfuie du centre avant sa majorité. Elle habite maintenant dans une maison de chambres dans un quartier où se trouvent des sans-abri, des prostituées et des vendeurs de drogues.

Madame Jasmin montre des signes de dépression pour lesquels elle n'a jamais été traitée. Vous la rencontrez à l'urgence psychiatrique, car elle a tenté de mettre fin à ses jours en ingérant des comprimés d'acétaminophène. La cliente est consciente et accepte de vous parler, mais elle ne vous regarde pas. ▶

1. Quel est le principal neurotransmetteur pouvant être en cause dans la dépression de madame Jasmin ?

2. Sachant qu'elle a ingéré une grande quantité d'acétaminophène, quels signes allez-vous surveiller plus étroitement chez madame Jasmin ?

3. Sachant que l'intoxication à l'acétaminophène peut causer une hépatite fulminante, quels résultats d'analyses de laboratoire allez-vous surveiller étroitement ?

▶ La cliente vous dit : « Ma vie, ç'a toujours été rien que d'la cochonnerie. Misère par-dessus misère, un problème après l'autre. D'la merde, rien que d'la merde. » ▶

4. Quel sentiment se dégage des propos de madame Jasmin ?

▶ Madame Jasmin ajoute : « I' s'est jamais rien passé d'bon dans ma vie. J'aurais jamais dû v'nir au monde. On dirait que tout c'que j'ai vécu, c'était pour que j'me suicide un jour. » ▶

5. Que pourriez-vous dire à la cliente pour résumer ses propos des deux derniers épisodes ?

6. Y a-t-il eu un facteur précipitant à la tentative de suicide de madame Jasmin ? Justifiez votre réponse.

▶ La cliente dit en pleurant qu'elle va tenter de se suicider à nouveau : « J'en ai assez de ma vie de merde. J'peux pas continuer à vivre comme ça. » ▶

7. Que pourriez-vous lui répondre pour lui exprimer votre empathie ?

8. Comment devez-vous évaluer l'urgence suicidaire chez madame Jasmin ?

▶ Au cours de votre évaluation, vous vérifiez l'importance de certains facteurs reconnus comme étant le plus près d'un passage à l'acte suicidaire. ▶

9. D'après les données connues jusqu'à maintenant, quels sont les trois facteurs que vous devez considérer dans l'évaluation de l'urgence suicidaire pour madame Jasmin?

10. Augmentez-vous le risque que la cliente commette une deuxième tentative de suicide parce que vous la questionnez à ce sujet? Justifiez votre réponse.

11. Trouvez deux questions à poser à madame Jasmin pour évaluer les facteurs de protection dont elle dispose.

12. Madame Jasmin n'est sans doute pas consciente que des forces l'ont protégée malgré sa vie difficile. D'après les données de sa situation, quels sont les deux forces ou facteurs de protection que vous pourriez faire ressortir chez elle?

▶ Madame Jasmin sera hospitalisée à l'unité de psychiatrie. Vous désirez lui faire signer un pacte de non-suicide. Voici un extrait du PTI que vous avez déterminé pour la cliente. ◀

Extrait

CONSTATS DE L'ÉVALUATION								
Date	Heure	N°	Problème ou besoin prioritaire	Initiales	RÉSOLU / SATISFAIT			Professionnels / Services concernés
					Date	Heure	Initiales	
2016-07-04	*17:00*	*1*	*Tentative de suicide par ingestion de comprimés*					
			d'acétaminophène					

SUIVI CLINIQUE							
Date	Heure	N°	Directive infirmière	Initiales	CESSÉE / RÉALISÉE		
					Date	Heure	Initiales
2016-07-04	*17:00*	*1*	*Faire signer un pacte de non-suicide à la prochaine rencontre.*				

Signature de l'infirmière	Initiales	Programme / Service	Signature de l'infirmière	Initiales	Programme / Service
		Unité de psychiatrie			

13. La directive infirmière est-elle acceptable? Justifiez votre réponse.

14. Vous avez écrit la note d'évolution suivante dans le dossier de madame Jasmin. La deuxième partie de la note d'évolution ne correspond pas à ce que la cliente a clairement exprimé. Réécrivez cette partie en vous limitant à relater les faits.

Extrait des notes d'évolution

2016-07-04 17:00 Pleure et verbalise son désespoir en disant : « Ma vie, ça toujours été rien que d'la cochonnerie. Misère par-dessus misère, un problème après l'autre. D'la merde, rien que d'la merde. » Trouve que sa vie est un échec, se sent inutile, ne voit pas d'autre solution que le suicide.

À revoir

(4) *Dépistage des risques*

(5) Tableau *Habiletés de communication*

(7) *Rôle clinique des neurotransmetteurs*

(28)
- *Caractéristiques générales*
- *Facteurs associés au suicide*
- *Dangerosité du passage à l'acte*
- *Mythes concernant le suicide*
- *Évaluer et promouvoir les facteurs de protection*

Situation de santé **Jugement clinique**

RE01

Une CEPI anxieuse

Cliente : Geneviève Malenfant

Chapitre à consulter

Solutionnaire  

12 Troubles anxieux, trouble obsessionnel-compulsif et troubles apparentés

Geneviève Malenfant, âgée de 21 ans, vient de terminer ses études en soins infirmiers. Elle travaille comme candidate à l'exercice de la profession d'infirmière (CEPI). Elle a terminé son programme d'études non sans effort et elle est très fière d'avoir enfin obtenu son diplôme. Elle se présentera à l'examen de l'OIIQ dans quelques jours. « Je suis terrorisée à l'idée de passer cet examen. Je pourrai toujours me faire engager comme clown ou éboueuse si j'échoue », dit-elle en riant nerveusement. ▶

1. Quel mécanisme de défense madame Malenfant utilise-t-elle pour diminuer son degré d'anxiété devant cet important examen?

▶ Madame Malenfant se décrit comme une personne dynamique. Même si cet examen génère un grand stress, elle croit qu'elle réussira si elle est bien préparée. Elle ajoute avec conviction que cela représente un beau défi à relever. ▶

2. D'après ces données, quel est le stade d'anxiété de madame Malenfant?

3. Quelles réactions émotionnelles chez madame Malenfant pourraient indiquer que le stade de son anxiété a augmenté?

4. Quel type d'anxiété la cliente montre-t-elle? Justifiez votre réponse.

5. Une collègue de travail de madame Malenfant, infirmière diplômée depuis cinq ans, veut lui suggérer quelques façons de réduire son anxiété. Nommez-en trois.

▶ Madame Malenfant a une élimination intestinale régulière. Le matin de l'examen, elle est plutôt constipée et se sent plus nerveuse et tendue. Juste avant l'examen écrit, elle craint d'avoir oublié tout ce qu'elle sait : « J'ai peur d'échouer », dit-elle. Lorsqu'elle réalise qu'elle est moins concentrée, elle se ressaisit et arrive à retrouver son attention. Elle sent des bouffées de chaleur l'envahir, mais n'y accorde pas d'importance. ◀

6. Dans cet épisode, quelles sont les manifestations d'anxiété de la cliente ?

7. Nommez deux autres manifestations de type perceptuel que madame Malenfant pourrait présenter.

À revoir

- *Mécanismes de défense*
- *Stades de l'anxiété*
- *Typologie des réactions anxieuses*
- Tableau *Caractéristiques de l'anxiété : symptômes et manifestations*
- Tableau *Accompagner le client ayant un trouble anxieux*
- Tableau *Réactions à l'anxiété*

Situation de santé **Jugement clinique**

RE02

Attaque de panique chez une personne ayant un antécédent de dépression

Client: Alexis Dolbec

Chapitre à consulter

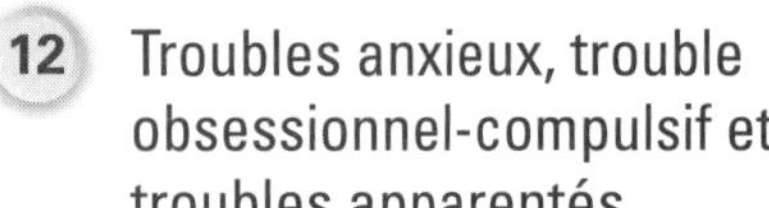

12 Troubles anxieux, trouble obsessionnel-compulsif et troubles apparentés

Alexis Dolbec, âgé de 32 ans, est opérateur de machinerie lourde. Il a déjà été traité pour une dépression consécutive à une perte d'emploi il y a huit mois et il est maintenant sans travail. Depuis qu'il ne travaille plus, monsieur Dolbec a vécu des attaques de panique récurrentes et inattendues. La dernière est survenue il y a un mois, et depuis ce temps, il craint de subir une autre attaque. Il a déjà consommé du cannabis pour contrôler son anxiété et il lui arrive encore de le faire, mais très rarement. Il doit se présenter à une entrevue en après-midi et espère recommencer à travailler dans son domaine d'expertise.

En attendant que l'entrevue commence, il a l'impression que son cœur va sortir de sa poitrine tellement il bat fort. « Je vais mourir ici », pense-t-il.

Plus le moment de l'entrevue approche, plus monsieur Dolbec transpire. Il a des secousses musculaires, et ses mains tremblent; il frissonne, sent qu'il manque d'air et se sent pris de vertige comme s'il était sur le point de s'évanouir. « Je crois que je deviens fou, je suis en train de perdre le contrôle », se dit-il intérieurement.

1. Nommez cinq signes et symptômes qui confirmeraient que monsieur Dolbec est vraiment victime d'une attaque de panique.

2. Qu'est-ce qui a pu rendre monsieur Dolbec à risque de subir une telle attaque de panique?

3. En plus des symptômes physiques présents chez monsieur Dolbec, quels autres éléments dans la situation vous permettent de conclure à un trouble panique?

▶ Monsieur Dolbec ne rencontre que le patron de la firme pour laquelle il espère travailler. Il sait cependant que deux autres machinistes passeront également l'entrevue. Il est convaincu qu'il doit être meilleur qu'eux pour décrocher l'emploi. S'il est choisi, il sera sous les ordres d'un contremaître et il devra travailler avec un groupe d'opérateurs de machinerie. Monsieur Dolbec affirme qu'il n'est pas préoccupé par l'opinion des autres et qu'il a toujours fait équipe avec d'autres machinistes. ◀

4. Monsieur Dolbec montre-t-il des indices de phobie sociale? Justifiez votre réponse.

À revoir

12
- *Comorbidité*
- *Attaques de panique*
- *Trouble panique*
- *Agoraphobie*
- *Trouble d'anxiété sociale (phobie sociale)*

Situation de santé **Jugement clinique**

RE03

Trouble de stress post-traumatique consécutif à un grave incendie

Cliente : Rosalie Gendron

Chapitre à consulter

Solutionnaire  

10 Troubles liés aux traumatismes et aux facteurs de stress

Rosalie Gendron est âgée de 62 ans. Alors qu'elle gardait ses deux petits-enfants, un incendie s'est déclaré dans sa maison parce que son époux, atteint de la maladie d'Alzheimer, s'est endormi au lit avec une cigarette. Les draps ont vite pris feu. La cliente, qui s'était également endormie devant la télévision, a tout juste eu le temps de sortir avec le plus jeune des enfants dans ses bras. Elle a perdu son conjoint et un de ses petits-enfants dans l'incendie. Tous ses biens ont brûlé.

Depuis l'événement, survenu juste avant la fête de Noël, madame Gendron dort très mal et fait des cauchemars. Elle montre des signes d'hyperventilation lorsqu'elle voit une personne qui fume. Les images de la tragédie lui reviennent de façon très nette lorsqu'elle regarde un film ou une émission de télévision où elle voit du feu. Elle est même incapable de regarder une carte de souhaits montrant la fumée d'une cheminée. Elle est présentement hospitalisée à l'unité de psychiatrie pour trouble de stress post-traumatique. Madame Gendron répète régulièrement qu'elle est incompétente et qu'elle est responsable de la mort de son petit-fils. Elle a honte et pleure chaque jour depuis l'incendie. ▶

1. Quelles altérations négatives des cognitions et de l'humeur sont présentes chez madame Gendron?

2. De quelles façons la cliente revit-elle l'événement traumatisant?

▶ De la fenêtre de sa chambre, madame Gendron peut voir les gens qui fument à l'entrée du centre hospitalier. Elle peut passer de longues minutes à examiner leur comportement, se fâche lorsque d'autres s'ajoutent au groupe et ferme ensuite le store de sa fenêtre pour ne plus les voir. ▶

3. Nommez deux autres symptômes d'activité neurovégétative que vous pourriez observer chez la cliente et qui ne sont pas présents dans la situation clinique.

4. Que signifie le comportement de la cliente de fermer le store de sa fenêtre ?

▶ Lorsque la cliente accepte de vous parler des circonstances de l'incendie, elle dit ne pas se souvenir qu'elle s'était endormie devant la télévision. ▶

5. Est-il normal qu'elle oublie un détail si important ? Justifiez votre réponse.

▶ Madame Gendron a un sommeil interrompu par les cauchemars. Une fois réveillée, elle est incapable de s'endormir avant le lever du jour. Elle dort parfois dans son fauteuil pendant la journée et se réveille en sursautant. Vous remarquez qu'elle a les traits tirés et des cernes sous les yeux. ◀

6. D'après ces données, quel problème prioritaire mériterait d'être inscrit dans l'extrait du PTI de la cliente ?

À revoir

10 • *Trouble de stress post-traumatique*
• Encadré *Trouble de stress post-traumatique*

Extrait

CONSTATS DE L'ÉVALUATION								
Date	Heure	N°	Problème ou besoin prioritaire	Initiales	RÉSOLU / SATISFAIT			Professionnels / Services concernés
					Date	Heure	Initiales	
2016-04-18	*10:00*	*2*						

Signature de l'infirmière	Initiales	Programme / Service	Signature de l'infirmière	Initiales	Programme / Service
		Unité de psychiatrie			

Votre signature

Vos initiales

Vos initiales

Situation de santé **Jugement clinique**

RE04

Trouble d'anxiété liée à la maladie

Cliente : Aurélie Beauchamp

Chapitre à consulter

Solutionnaire 

13 Troubles à symptomatologie somatique et apparentés et troubles dissociatifs

Madame Aurélie Beauchamp, âgée de 33 ans, est gérante dans un magasin de chaussures. Elle est célibataire. Elle ne souffre pas de dysménorrhée, mais depuis huit mois environ, elle se plaint de faibles douleurs abdominales diffuses en dehors de ses menstruations. Sa sœur cadette est atteinte de la maladie de Crohn, et une de ses tantes est décédée d'un cancer du côlon il y a neuf mois.

Madame Beauchamp vit avec la peur d'avoir un problème intestinal grave malgré une coloscopie négative. D'ailleurs, elle a demandé une consultation à un autre gastroentérologue pour obtenir un avis supplémentaire et elle espère pouvoir subir une nouvelle coloscopie, doutant du résultat du premier examen. « Ça ne peut pas être mes règles qui causent mes douleurs, j'ai toujours été régulière », affirme-t-elle. ▶

1. Quelle donnée de la mise en contexte pourrait être significative d'un trouble d'anxiété liée à la maladie chez madame Beauchamp ?

▶ Madame Beauchamp parle souvent de ses douleurs abdominales à ses amies. Celles-ci tentent de la convaincre qu'elle n'a rien de sérieux, mais elle ramène fréquemment ce sujet au cours des discussions, même si elle avoue que ses craintes sont peut-être légèrement exagérées. Harassées d'entendre les mêmes propos, ses amies trouvent de plus en plus d'excuses pour ne pas la voir. ▶

2. Le comportement social de la cliente serait-il un indice supplémentaire pour établir le diagnostic d'un trouble d'anxiété liée à la maladie ? Justifiez votre réponse.

3. Quelle autre donnée de la mise en situation pourrait être un signe de trouble d'anxiété liée à la maladie ?

4. Selon la théorie cognitive, qu'est-ce qui expliquerait la peur de madame Beauchamp d'avoir un problème intestinal grave ?

▶ Madame Beauchamp rencontre une infirmière à la clinique de son médecin de famille. En plus d'évaluer la douleur que la cliente ressent, l'infirmière lui demande si elle a déjà souffert d'une maladie intestinale dans le passé. La cliente rapporte vivre des moments d'irritabilité de plus en plus nombreux depuis quelques semaines. Elle les attribue à l'attente avant de pouvoir rencontrer un autre gastroentérologue. ◀

5. Pourquoi cette question est-elle pertinente?

6. À part l'irritabilité, nommez deux autres manifestations que l'infirmière devrait évaluer chez la cliente relativement à la dimension psychologique.

7. Pourquoi l'infirmière devrait-elle vérifier si madame Beauchamp présente des symptômes dépressifs?

À revoir

13
- *Démarche de soins Collecte des données – Évaluation initiale*
- Encadré *Collecte des données Évaluation globale*
- *Schéma des quatre dimensions*
- *Théorie cognitive*
- *Trouble d'anxiété liée à la maladie*

Situation de santé **Jugement clinique**

RE05

Obsession d'une dysmorphie corporelle

Client : Marc-André Colbert

Chapitre à consulter

Solutionnaire 

12 Troubles anxieux, trouble obsessionnel-compulsif et troubles apparentés

Marc-André Colbert est un adolescent âgé de 15 ans. Une poussée d'acné sur les épaules et sur le torse s'est développée chez lui, et, pour cette raison, il refuse de sortir avec les filles. Il a même arrêté de jouer au hockey, ne voulant pas se déshabiller devant ses compagnons de sport. Malgré la gêne qu'il ressent, il rencontre l'infirmière scolaire à l'insu de ses camarades. « J'aimerais bien me débarrasser de ce problème », lui dit-il. ▶

1. Pourquoi est-il pertinent de demander à Marc-André s'il a constaté un changement de caractère depuis l'apparition de son acné?

2. L'infirmière remarque que Marc-André porte un chandail dont il a relevé le col. Il mentionne qu'il porte toujours un chandail de piscine pour les cours de natation et qu'il attend que les autres soient partis pour se changer. Que peut signifier une telle attitude corporelle?

3. Pourquoi est-il important que l'infirmière vérifie la perception que Marc-André a de son problème d'acné?

4. L'infirmière demande à l'adolescent s'il passe beaucoup de temps à faire sa toilette et à se regarder dans un miroir. Qu'est-ce qui justifie une telle question dans le cas de Marc-André?

5. L'infirmière devrait-elle s'enquérir des résultats scolaires de Marc-André? Justifiez votre réponse.

6. Pourquoi est-il important que l'infirmière sache comment le problème d'acné de Marc-André a influé sur son fonctionnement à l'école, socialement et dans sa famille?

▶ Même s'il a arrêté de jouer au hockey, Marc-André continue de suivre ce sport à la télévision. Il admire particulièrement le gardien de but et le capitaine de son équipe favorite. « Si je veux un jour avoir une chance de jouer professionnel, il va falloir que je développe mes muscles beaucoup plus ». ◀

7. Cela peut-il avoir un impact sur la perception que Marc-André a de son problème actuel? Justifiez votre réponse.

8. Pourquoi est-il important de vérifier si l'adolescent a des idées suicidaires?

À revoir

12
- *Troubles apparentés au trouble obsessionnel-compulsif*
- *Obsession d'une dysmorphie corporelle*

Situation de santé **Jugement clinique**

RE06

Trouble de la personnalité antisociale et trouble factice

Cliente : Dona Miljour

Chapitres à consulter

Solutionnaire  

5 Communication et relation thérapeutique

13 Troubles à symptomatologie somatique et apparentés et troubles dissociatifs

15 Troubles de la personnalité

Dona Miljour est une jeune femme âgée de 20 ans qui étudie en bureautique. Elle se plaint régulièrement de problèmes de santé. Comme sa mère est infirmière, elle profite de ses connaissances pour décrire les malaises qu'elle éprouve. « Je souffre de dysménorrhée grave et d'endométriose. Je dois faire de l'anémie ferriprive, car mes érythrocytes sont bas, et mon fer sérique est anormal. J'ai l'impression d'être asthénique, mes rythmes circadiens sont sûrement déréglés », dit-elle d'un ton irritable à l'infirmière du service aux étudiants de son collège. L'infirmière doute de la véracité des problèmes de la jeune femme et la suspecte d'inventer intentionnellement des maladies pour ne pas suivre ses cours, car ce n'est pas la première fois qu'elle se plaint ainsi, invoquant chaque fois de nouveaux malaises. ▶

1. Puisque l'infirmière met en doute les problèmes de santé invoqués par madame Miljour, qu'est-ce qui pourrait laisser croire que la jeune femme est atteinte d'un trouble factice?

2. Pourquoi l'infirmière aurait-elle raison de demander à madame Miljour si elle prend des médicaments sans raison médicale ou si elle a un trouble lié à la consommation de substances (drogues ou alcool)?

▶ L'infirmière demande à madame Miljour si elle a déjà souffert d'une maladie physique lorsqu'elle était enfant, et elle apprend que l'étudiante a effectivement été atteinte de poliomyélite. Elle a également subi une augmentation mammaire à l'étranger à l'âge de 16 ans. ▶

3. Pourquoi est-il important de vérifier les antécédents médicaux et chirurgicaux dans le cas de cette cliente ?

4. Quel lien faut-il faire entre la chirurgie que madame Miljour a subie et le trouble factice ?

5. Sur un ton découragé et donnant l'impression d'être une victime, la cliente dit : « Personne ne me croit quand je dis que je suis malade. » Que pourriez-vous lui répondre afin de la confronter doucement au fait que les raisons invoquées diffèrent d'une fois à l'autre ?

▶ Lorsqu'elle rencontre de nouvelles personnes, madame Miljour prend plaisir à changer de prénom et dit s'appeler Mina, Carla ou Eva ; elle ne donne jamais son vrai nom. Elle ne consomme pas de drogues, mais elle a déjà été arrêtée pour prostitution mineure à l'âge de 17 ans. Malgré cela, elle tente de séduire les hommes en leur promettant des faveurs sexuelles. Si l'un d'eux lui fait des avances, elle le ridiculise sans remords pour s'être fait prendre au jeu. ◀

6. Quelles sont les quatre données de cet épisode qui laissent croire que la cliente pourrait être atteinte d'un trouble de la personnalité antisociale ?

7. Quel problème peut être mis en lumière chez madame Miljour d'après les données de cette partie de son histoire?

À revoir

5 *Confrontation*

13 *Troubles factices*

15
- *Trouble de la personnalité antisociale*
- Encadré *Personnalité antisociale*
- Encadré *Problèmes généralement associés aux troubles de la personnalité*
- *Analyse et interprétation des données*

Situation de santé **Jugement clinique**

Trouble à symptomatologie somatique

Cliente : Carla Verner

Chapitres à consulter

Solutionnaire 

5 Communication et relation thérapeutique

13 Troubles à symptomatologie somatique et apparentés et troubles dissociatifs

Carla Verner, âgée de 41 ans, travaille comme secrétaire dans une firme d'ingénieurs-conseils. Elle est suivie par une gynécologue depuis 14 ans pour des problèmes de dysménorrhée et de dyspareunie. Ses nombreuses consultations et évaluations médicales n'ont d'ailleurs jamais confirmé un problème physique précis nécessitant un traitement particulier.

Madame Verner s'absente du travail presque chaque mois en raison de ses menstruations douloureuses. Ses patrons déplorent de telles absences répétées au point où les relations avec les clients s'en ressentent. Madame Verner craint même de perdre son emploi. À la suite de la recommandation d'une amie, elle a accepté de consulter un psychiatre dans une clinique de santé mentale. C'est une infirmière qui la rencontre pour procéder à l'évaluation initiale de sa condition. ▶

1. D'après ces premières données, y a-t-il lieu d'envisager la possibilité que madame Verner soit atteinte d'un trouble à symptomatologie somatique ? Justifiez votre réponse.

2. Que doit évaluer l'infirmière pour valider la possibilité d'un trouble à symptomatologie somatique ?

▶ Madame Verner raconte qu'elle ressent des brûlures en urinant et une tension douloureuse lorsqu'elle a envie d'aller à la selle. Elle se plaint de ballonnement et vomit parfois. Tout en étant douloureuses, ses menstruations sont habituellement irrégulières. ▶

3. L'infirmière aurait-elle raison de demander à la cliente si elle est enceinte ? Justifiez votre réponse.

4. Trouvez au moins trois questions à poser à madame Verner pour évaluer davantage la présence de symptômes douloureux.

5. L'infirmière demande à la cliente si elle a déjà pris des médicaments dits naturels ou consulté un acupuncteur ou un ostéopathe pour traiter ses symptômes. Pourquoi est-il pertinent de rechercher une telle information ?

► Madame Verner explique à l'infirmière qu'elle dort mal et qu'elle se sent fatiguée au réveil. « Je me réveille souvent la nuit. Ça m'arrive de m'endormir au travail. C'est gênant pour moi, car les gens croient que je me plains pour rien, comme si je voulais attirer l'attention sur moi. Me croyez-vous ? Qu'en pensez-vous ? Est-ce que je me plains vraiment pour rien ? », demande-t-elle à l'infirmière. ◄

6. Quels sont les deux problèmes prioritaires qui semblent émerger des données de cet épisode ?

7. Devriez-vous croire que madame Verner feint ses symptômes ? Justifiez votre réponse.

8. Concernant la demande de madame Verner, qui veut connaître la perception de l'infirmière, quelle réponse de votre part serait un exemple de reflet de sentiment?

À revoir

5 Tableau *Habiletés de communication*

13
- *Trouble à symptomatologie somatique*
- Encadré *Trouble à symptomatologie somatique*
- Encadré *Évaluation globale*
- Encadré *Évaluation spécifique selon le trouble*

RE08

Stigmatisation chez une personne atteinte d'un trouble bipolaire

Cliente : Myriam Ledoux

Chapitres à consulter

Solutionnaire 

2 Santé mentale et services dans la communauté

3 Principes de la pratique infirmière en santé mentale

Myriam Ledoux est âgée de 40 ans. Elle prend du lithium pour traiter son trouble bipolaire. Malgré le fait qu'elle prenne sa médication conformément à la prescription, il lui arrive de se sentir en baisse d'énergie, sans être toutefois désorganisée. Elle se cherche un emploi comme préposée aux bénéficiaires, travail pour lequel elle a suivi une formation et acquis quelques années d'expérience. Cependant, à chaque endroit où elle révèle sa condition de santé mentale, elle se voit essuyer un refus. ◄

1. Quel est le type de stigmatisation illustré dans la situation de madame Ledoux?

2. Madame Ledoux devrait-elle toujours aviser un employeur potentiel de sa condition de santé mentale? Expliquez votre réponse.

3. Comment pourriez-vous aider madame Ledoux à décider de révéler ou non sa condition de santé mentale à de potentiels employeurs?

4. Dans votre approche avec madame Ledoux, comment pourriez-vous éviter qu'elle en vienne à l'autostigmatisation ?

5. Pourquoi ne devriez-vous pas insister auprès de madame Ledoux pour qu'elle révèle ou non sa condition à un employeur potentiel ?

À revoir

2 *Lutte contre la stigmatisation*

3
- Tableau *Accompagner la personne présentant un trouble mental dans son cheminement*
- *Proposer des solutions plutôt que résoudre des problèmes*

Détresse psychologique chez une personne âgée d'origine rwandaise

Cliente : Angèle Nzeyimana

Chapitres à consulter

Solutionnaire 

8 Développement et vieillissement de la personne

9 Culture et santé mentale

26 Personnes âgées

Angèle Nzeyimana, d'origine rwandaise, est âgée de 76 ans. Elle a fui son pays en raison de la guerre ethnique qui y sévissait. Elle a perdu son mari, trois de ses enfants et ses petits-enfants au cours d'un massacre dans la petite ville où elle habitait. Elle est analphabète, mais elle parle français. Elle est arrivée au Québec avec son seul fils survivant et sa belle-fille.
À part un problème d'hypertension artérielle stabilisée avec une médication antihypertensive, madame Nzeyimana a une santé plutôt bonne, et elle est autonome pour effectuer ses AVQ. Il y a six mois, son fils est décédé subitement d'une crise cardiaque. Elle habite avec sa belle-fille qui est atteinte de sclérose en plaques. Les deux femmes vivent de l'aide sociale. ▶

▶ Madame Nzeyimana a toujours été dépendante économiquement de son entourage familial. En raison de la situation critique dans son pays, c'est son fils qui a pris la décision d'émigrer, et elle l'a suivi sans protester. Étant de nature soumise, elle a toujours fait ce qu'on lui disait de faire. Depuis la mort du seul enfant qui lui restait, elle montre des signes de détresse psychologique. ▶

1. D'après ces données, quels sont les deux facteurs qui influent sur le fonctionnement cognitif de madame Nzeyimana ?

2. Quel phénomène caractérise les traits de personnalité de madame Nzeyimana ?

3. Diriez-vous que le sentiment de détresse de la cliente est lié à son état de santé ? Justifiez votre réponse.

4. En plus du décès de son fils, quels événements ont fort probablement contribué à la détresse psychologique de madame Nzeyimana?

▶ Depuis son arrivée au Québec au milieu des années 1990, madame Nzeyimana a toujours été songeuse et triste. Elle n'a aucun réseau de soutien en dehors de sa belle-fille. Sa situation économique étant précaire, elle n'a pas de loisirs. ▶

5. Dans la situation de madame Nzeyimana, quels sont les quatre facteurs de risque de dépression?

▶ Étant elle-même atteinte d'une maladie dégénérative, la belle-fille de madame Nzeyimana trouve que sa belle-mère s'apitoie trop sur son sort. Pour elle, la réaction à la mort de son fils est démesurée et elle rejette l'idée que madame Nzeyimana soit dépressive: «Moi, j'aurais toutes les raisons du monde d'être dépressive. J'ai une maladie grave et j'ai perdu mon mari. Ma belle-mère a toujours été trop dépendante, elle devrait se remuer un peu. Dans mon pays, on ne pensait pas à la peine, mais à la survie. Pas le temps de s'apitoyer sur son sort.» ◀

6. Comment la dimension culturelle de la belle-fille de madame Nzeyimana peut-elle expliquer son attitude envers cette dernière?

7. Même si les deux femmes ont peu de contact avec d'autres personnes de leur appartenance ethnique, la belle-fille de madame Nzeyimana ne parle jamais de la condition mentale de sa belle-mère. Qu'est-ce qui peut expliquer cette attitude?

À revoir

8 *Processus de vieillissement*

9
- *Influences de la culture sur la santé mentale*
- *Significations des troubles mentaux*

26
- *Détresse psychologique et stress*
- *Troubles dépressifs*
- Encadré *Facteurs de risque de dépression chez la personne âgée*

Situation de santé **Jugement clinique**

RE10

Anxiété de séparation chez une fillette de 4 ans

Cliente : Solange Marcoux

Chapitre à consulter

Solutionnaire 

25 Enfants et adolescents

La petite Solange Marcoux est âgée de 4 ans. Son père est ingénieur et a obtenu un emploi dans un autre pays pour trois ans. Il a quitté sa famille il y a cinq semaines. Sa conjointe et leur fillette ne pourront pas venir le rejoindre avant deux mois. Solange est très affectée par le départ de son père ; elle ne veut plus aller à la garderie, demande à répétition quand son père va revenir et fait une crise de larmes lorsque sa mère part travailler. ▶

1. Quelle autre manifestation de l'anxiété de séparation la petite Solange pourrait-elle présenter ?

2. Nommez deux manifestations qui pourraient caractériser le sommeil de Solange en lien avec l'anxiété de séparation ?

▶ Une gardienne vient à la maison les journées où Solange ne va pas à la garderie. La gardienne avise la mère que sa fille se plaint de mal de ventre ; elle a même vomi à quelques reprises. ▶

3. La mère de Solange devrait-elle la faire voir par le médecin ? Justifiez votre réponse.

▶ Le soir, Solange refuse d'aller dormir dans sa chambre. Elle suit sa mère partout et la supplie de passer la nuit avec elle. ◀

4. Est-ce un comportement typique d'un enfant ayant un trouble d'anxiété de séparation ou tout simplement une caractéristique du développement de la petite enfance? Justifiez votre réponse.

5. Solange risque-t-elle d'être atteinte d'un trouble mental dans le futur? Justifiez votre réponse.

À revoir

25 *Troubles anxieux – Anxiété de séparation*

Situation de santé **Jugement clinique**

RE11

Trouble de l'adaptation

Cliente : Daphnée Legault

Chapitre à consulter

Solutionnaire 

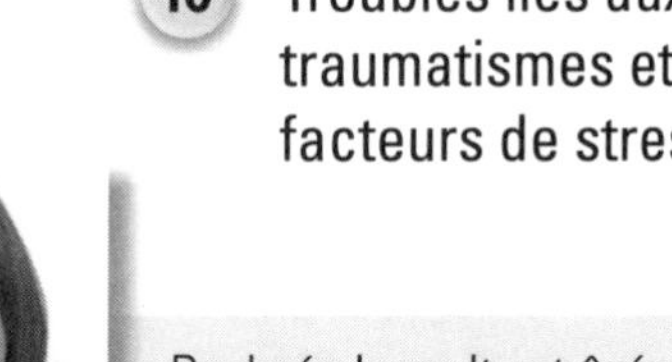

10 Troubles liés aux traumatismes et aux facteurs de stress

Daphnée Legault est âgée de 30 ans. Elle travaillait comme orthopédagogue dans une école primaire du Québec, mais elle a dû interrompre sa carrière pour suivre son conjoint en Colombie-Britannique. Celui-ci est chercheur en neurophysiologie, et il poursuit des études postdoctorales à l'Université Simon Fraser. Le couple s'est installé à Vancouver il y a deux mois.

Madame Legault n'a aucun ami dans son nouveau milieu. Elle sort très peu avec son conjoint, celui-ci étant très occupé par ses recherches. De plus, elle est enceinte de cinq mois. Elle pleure souvent, dort mal et très peu et regrette d'avoir accepté de déménager si loin de sa famille. Elle savait que la vie dans une autre province serait différente, mais elle ne s'attendait pas à trouver cela aussi difficile. Elle parle peu l'anglais, mais voulait profiter de ce déménagement pour parfaire cette langue. Elle ne trouve cependant pas la motivation de s'inscrire à des cours et n'en voit plus l'utilité. Son conjoint la trouve triste et constate qu'elle est même un peu froide avec lui. « J'ai l'impression qu'elle m'en veut. Quand je reviens à la maison, c'est souvent en désordre. Elle passe de longs moments devant la télé, comme si rien d'autre ne l'intéressait », dit-il. ▶

1. Quel est le principal stresseur qui peut causer un trouble de l'adaptation chez madame Legault?

2. Quel sous-type d'un trouble de l'adaptation madame Legault présente-t-elle?

3. Nommez les quatre symptômes comportementaux et les deux symptômes émotionnels d'un trouble de l'adaptation présents chez madame Legault.

a) Symptômes comportementaux :

b) Symptômes émotionnels :

▶ Madame Legault se croyait plus forte et capable de faire face à un tel changement de milieu. Elle doute même de sa capacité à mener sa grossesse à terme sans problèmes, elle qui était sûre que cet heureux événement se déroulerait normalement. ▶

4. D'après l'analyse de toutes les données connues jusqu'à maintenant, quels sont les trois principaux problèmes de madame Legault qui découlent d'un trouble de l'adaptation?

▶ Malgré ses occupations, le conjoint de madame Legault invite celle-ci au restaurant, et il planifie une journée de congé pour visiter la ville en compagnie de sa femme et d'une collègue qui désire pratiquer son français. ◀

5. En quoi les projets du conjoint de madame Legault sont-ils pertinents à ce moment-ci?

6. Madame Legault devrait-elle prendre des antidépresseurs ou des benzodiazépines? Justifiez votre réponse.

À revoir

(10) *Troubles de l'adaptation*

Situation de santé **Jugement clinique**

RE12

Trouble de l'alternance veille-sommeil à la suite d'un traumatisme

Client : Joey Courtemanche

Chapitres à consulter

Solutionnaire 

19 Troubles de l'alternance veille-sommeil

21 Psychopharmacothérapie et autres thérapies biologiques

Joey Courtemanche est un travailleur communautaire âgé de 31 ans. Il était en mission en Haïti lors du tremblement de terre de janvier 2010. Il a vu des gens mourir écrasés sous les décombres des habitations, des enfants être amputés accidentellement, des femmes enceintes coincées dans des débris de maisons et des animaux éventrés par des éclats de verre ou des morceaux de bois. Avec des collègues, il a secouru des personnes, mais il a surtout été témoin de la mort de plusieurs d'entre elles, faute de soins d'urgence. Il a lui-même failli perdre la vie en tentant de secourir des enfants dans un orphelinat. Pendant les semaines qui ont suivi cette tragédie, monsieur Courtemanche a présenté de l'insomnie et des terreurs nocturnes. Il se réveillait en état de panique et en criant. Il était toujours fatigué, se plaignant d'un sommeil non réparateur. ▶

1. D'après les critères diagnostiques de l'insomnie, de quoi monsieur Courtemanche se plaindrait-il essentiellement en plus d'un sommeil non réparateur ?

2. Monsieur Courtemanche devrait-il éprouver de la somnolence diurne ? Justifiez votre réponse.

3. Quelles perturbations diurnes le client risque-t-il de subir à cause de son insomnie ?

4. Outre celles mentionnées dans la mise en contexte, nommez trois manifestations que monsieur Courtemanche pourrait présenter en raison de ses terreurs nocturnes.

▶ Monsieur Courtemanche prend du lorazépam 2 mg h.s. pour traiter son problème d'insomnie. ▶

5. Pourquoi le client ne devrait-il pas prendre ce médicament à long terme?

▶ Monsieur Courtemanche essayait d'induire le sommeil en buvant environ 100 mL de scotch avant de se coucher. ▶

6. Outre le fait que la combinaison alcool et médicament est toujours à éviter, pour quelle autre raison ne devrait-il pas tenter d'induire le sommeil en buvant du scotch?

▶ Le client prend du lorazépam depuis trois semaines. Il dort un peu plus qu'avant, mais il se sent toujours fatigué et ne voit pas suffisamment d'effet thérapeutique sur son insomnie. Il songe à arrêter de prendre son médicament. ◀

7. Monsieur Courtemanche devrait-il cesser maintenant de prendre son médicament? Justifiez votre réponse.

8. Puisque les benzodiazépines peuvent avoir des effets indésirables, quel autre type de thérapie serait susceptible d'aider monsieur Courtemanche? En quoi consiste-t-elle?

9. Nommez deux signes qui montreraient que le problème de monsieur Courtemanche est en voie de résolution.

À revoir

19
- *Dyssomnies*
- *Parasomnies*
- Encadré *Éléments à évaluer au cours de l'entrevue*
- *Soins et traitements en interdisciplinarité*
- Encadré *Signes de rétablissement*

21 *Benzodiazépines*

Situation de santé **Jugement clinique**

RE13

Trouble lié à la consommation d'alcool

Client: Étienne Gagné

Chapitre à consulter

16 Troubles liés à une substance et troubles addictifs

Solutionnaire 

Étienne Gagné est un alcoolique âgé de 40 ans. Il a été amené à l'urgence en état d'ébriété avancé. Il aurait tenté d'agresser sexuellement une passante et devant la grande résistance de celle-ci, il s'est fâché et a cassé une vitrine avant de s'effondrer sur le trottoir. Les policiers qui l'ont conduit à l'hôpital ont rapporté que monsieur Gagné avait une haleine éthylique et qu'il articulait difficilement. ▶

1. Quels comportements mésadaptés de monsieur Gagné sont révélateurs d'une intoxication alcoolique?

2. En plus des constatations faites par les policiers, nommez au moins trois autres manifestations d'une intoxication alcoolique que monsieur Gagné aurait pu présenter.

3. Au moment de l'évaluation initiale du client, pourquoi est-il important de recueillir des données sur ses antécédents de troubles mentaux?

4. Vous apprenez que monsieur Gagné est diabétique. Devriez-vous vérifier sa glycémie? Justifiez votre réponse.

▶ Après un séjour de quelques heures à l'urgence, le médecin a décidé d'hospitaliser monsieur Gagné. Il est transféré à votre unité. Les effets de l'alcool commencent à se dissiper. En lisant son dossier, vous remarquez que la dernière valeur de P.A. prise à l'urgence il y a 30 minutes est de 182/96 mm Hg. ▶

5. Sans connaître les valeurs habituelles de P.A. de monsieur Gagné, quel constat de l'évaluation pouvez-vous inscrire à son PTI (*voir la page suivante*) ?

6. Relativement au constat de l'évaluation inscrit au PTI, inscrivez une directive infirmière sur la surveillance clinique à effectuer auprès de monsieur Gagné.

7. Inscrivez une directive infirmière qui pourrait être destinée aux préposés aux bénéficiaires, relativement à ce même constat de l'évaluation.

▶ Lorsque vous questionnez le client sur les événements ayant alerté les policiers qui l'ont amené à l'urgence, il vous dit qu'il ne se souvient de rien. Il se rappelle avoir volé un litre de vodka, mais il ne peut dire à quel moment précis il a commencé à boire, assis sur les marches d'un commerce. ◀

8. Comment s'appelle le type d'amnésie dont est atteint monsieur Gagné ?

À revoir

Alcool

CONSTATS DE L'ÉVALUATION								
Date	Heure	N°	Problème ou besoin prioritaire	Initiales	RÉSOLU / SATISFAIT			Professionnels / Services concernés
					Date	Heure	Initiales	
2016-11-08	*21:30*	*1*						

SUIVI CLINIQUE								
Date	Heure	N°	Directive infirmière		Initiales	CESSÉE / RÉALISÉE		
						Date	Heure	Initiales
2016-11-08	*21:30*	*1*						

Signature de l'infirmière	Initiales	Programme / Service	Signature de l'infirmière	Initiales	Programme / Service
		Votre unité			

Votre signature

Vos initiales

Vos initiales

Vos initiales

Situation de santé **Jugement clinique**

Santé mentale positive

Cliente : Barbara Kierzek

Chapitre à consulter

Solutionnaire  

1 Perspectives en santé mentale : notions fondamentales et défis

Barbara Kierzek, d'origine polonaise, est âgée de 63 ans. Elle enseigne au premier cycle du primaire et prévoit prendre sa retraite l'an prochain. Elle dit que sa passion de l'enseignement n'a jamais faibli au cours des années et qu'elle a toujours senti l'utilité de son travail. « J'aurai contribué au développement de mes chers petits », dit-elle avec fierté.

Madame Kierzek se décrit comme une femme positive, et malgré les difficultés qu'une personne peut éprouver dans la vie, elle est toujours disposée à profiter des bons moments qui se présentent. Elle aime les gens, et son entourage la qualifie de joviale, compatissante et empathique. ▶

1. Quels sont les facteurs de bien-être émotionnel, psychologique et social d'une santé mentale florissante chez madame Kierzek ? Justifiez-les à partir des données de la mise en contexte.

   a) Bien-être émotionnel :

   b) Bien-être psychologique :

   c) Bien-être social :

2. D'après les données de la mise en contexte, comment le profil de santé mentale de madame Kierzek peut-il être qualifié ?

▶ Madame Kierzek est fière de sa carrière : « J'ai toujours fait ce que j'aimais. Bien sûr, ça n'a pas été facile tous les jours, mais j'ai donné le meilleur de moi-même et je vais continuer à le faire jusqu'à mon départ. » ▶

3. Parmi les déterminants majeurs de la santé mentale, quel est le facteur de protection illustré dans cet épisode ?

▶ Madame Kierzek avoue que la conciliation travail-famille n'a pas toujours été facile : « J'ai dû élever seule mes trois enfants après le décès de mon mari. » Elle ajoute que les rencontres avec les parents étaient parfois éprouvantes, surtout lorsqu'un enfant avait des problèmes d'apprentissage. « J'ai eu à subir les exigences de plusieurs directeurs d'école, et ça, c'était la partie très désagréable de mon travail », dit-elle. ▶

4. Parmi les déterminants majeurs de la santé mentale, quel est le facteur de risque illustré dans cet épisode ?

▶ Il a toujours été important pour madame Kierzek de respecter le *Guide alimentaire canadien* et de s'adonner à des activités de loisirs. « Quand mes enfants étaient jeunes, nous faisions de belles randonnées dans la nature aussi souvent que possible. On inventait des jeux, on visitait la famille et l'on s'amusait beaucoup. Maintenant qu'ils sont grands, je continue presque le même rythme de vie », affirme-t-elle, enjouée. ◀

5. Qu'est-ce qui semble avoir contribué le plus à promouvoir une santé mentale positive chez madame Kierzek ?

6. Quel est le niveau de prévention des troubles mentaux illustré dans ce dernier épisode ?

À revoir

- *Santé mentale positive*
- *Déterminants de la santé mentale*
- *Promotion de la santé mentale*
- *Prévention des troubles mentaux*

Situation de santé **Jugement clinique**

RE15

Thérapie cognitivo-comportementale et antidépresseurs

Cliente : Josiane St-Hilaire

Chapitres à consulter

Solutionnaire 

7 Neurobiologie et santé mentale

20 Modèles et stratégies thérapeutiques

21 Psychopharmacothérapie et autres thérapies biologiques

Josiane St-Hilaire, âgée de 45 ans, était réceptionniste dans une entreprise de matériaux de construction. Elle s'est retrouvée sans emploi à la suite de la faillite de l'entreprise. Étant séparée du père de ses deux adolescents dont elle a la garde, elle n'arrivait plus à subvenir à leurs besoins. « Pas surprenant que ça m'arrive, je pense que je suis née pour la misère. C'est la première fois que je n'ai plus de travail, et je n'arriverai plus à m'en trouver, c'est certain », dit-elle tristement en regardant le sol et en hochant la tête négativement. Elle est suivie en clinique de santé mentale depuis trois semaines pour un état dépressif. ▶

1. D'après l'approche cognitivo-comportementale, quelle distorsion cognitive madame St-Hilaire présente-t-elle ?

2. Comment pourriez-vous aider cette cliente selon les principes de l'approche cognitivo-comportementale ?

▶ Madame St-Hilaire prend de la venlafaxine (Effexor XR[MD]) 150 mg die depuis 3 semaines. Elle est déçue de ne constater aucun changement dans sa condition jusqu'à maintenant. Vous avez effectué l'enseignement sur la médication dès la première rencontre. ▶

3. Sur quel point d'enseignement devez-vous insister auprès de la cliente présentement?

▶ Madame St-Hilaire vous informe qu'elle a tendance à faire deux siestes au cours de la journée, ce qui est inhabituel pour elle. «Je m'endors le jour et je dors moins la nuit», ajoute-t-elle. ▶

4. La cliente a-t-elle des effets indésirables de sa médication? Justifiez votre réponse.

▶ Madame St-Hilaire se plaint d'avoir les yeux secs. Elle se plaint également d'étourdissements lorsqu'elle se lève, comme si elle était sur le point de s'évanouir. ◀

5. Qu'est-ce qui explique la sensation que la cliente éprouve au lever?

6. Que pourriez-vous lui suggérer pour pallier la sécheresse oculaire?

À revoir

7 *Rôle clinique des neurotransmetteurs*

20 *Perspectives comportementale et cognitive*

21
- *Pharmacocinétique et posologie*
- *Effets indésirables*
- *Antidépresseurs – Soins et traitements infirmiers*

Situation de santé **Jugement clinique**

RE16

Violence familiale

Cliente : Manon Loranger

Chapitres à consulter

Solutionnaire 

 Troubles de la personnalité

 Violence

Manon Loranger est âgée de 25 ans, et elle vit de l'aide sociale. Elle a une fille de 4 ans, Nadia, atteinte du syndrome de Down. Le père de son enfant l'a quittée dès qu'il a appris qu'elle était enceinte. Elle a emménagé avec Pierre-Marc, son nouveau conjoint, il y a un mois. Elle l'a rencontré il y a cinq mois ; comme elle était seule pour élever sa fille, elle était très contente d'être enfin en couple. D'ailleurs, à ce moment, Pierre-Marc idéalisait Manon et lui disait qu'elle était le centre de son univers. Pierre-Marc est atteint d'un trouble de la personnalité limite. Ses relations interpersonnelles sont instables. Depuis qu'il habite avec madame Loranger, il se met souvent en colère contre Nadia et la frappe pour des vétilles, comme renverser un verre d'eau, faire du bruit en jouant ou laisser traîner ses jouets. Madame Loranger tolère les comportements de son conjoint, et si elle lui adresse la moindre remarque, il menace de se suicider et lui dit qu'elle va se retrouver seule de nouveau. ▶

1. Quels sont les deux traits de la personnalité limite présents chez le conjoint de madame Loranger ?

2. Madame Loranger amène Nadia au CLSC pour recevoir la vaccination prévue pour les enfants de son âge. Pierre-Marc les accompagne.

Nommez deux signes, autres que ceux déjà mentionnés, que l'infirmière pourrait noter chez Pierre-Marc, relatifs au trouble de la personnalité limite.

3. Qu'est-ce qui peut rendre Nadia plus à risque de subir de la violence de la part de Pierre-Marc ?

▶ Madame Loranger subit également de la violence physique de la part de Pierre-Marc, qui se manifeste par des gifles et des serrements de bras. « T'es minable, pauvre conne », lui dit-il de façon méprisante et dévalorisante. Il lui arrive même de la forcer à avoir des relations sexuelles où il exerce sa domination psychologique : « T'es juste bonne pour baiser », lui lance-t-il. Elle n'a presque plus de contact avec ses amis et ne parle jamais du climat familial. ▶

4. Qu'est-ce qui peut expliquer le silence de madame Loranger concernant le climat familial depuis que Pierre-Marc vit avec elle ?

5. Qu'est-ce qui peut inciter madame Loranger à s'isoler davantage ?

6. Dans la situation familiale de madame Loranger, quels sont les deux comportements typiques d'un agresseur manifestés par Pierre-Marc ?

▶ Lorsque madame Loranger doit s'absenter de la maison, Pierre-Marc fait parfois des attouchements sexuels à Nadia et lui demande de le masturber : « Si tu fais ce que j'demande, j'te battrai pas ». Terrorisée, la fillette obéit, car elle a peur d'être battue. ◀

7. De quelle façon Pierre-Marc force-t-il Nadia pour obtenir des faveurs sexuelles ?

8. Selon les données de la mise en situation, de quelles formes de violence familiale Nadia est-elle victime ? Justifiez votre réponse.

9. Madame Loranger et Nadia retournent au CLSC pour poursuivre la vaccination de la fillette. Quelles conséquences de la violence familiale subie l'infirmière pourrait-elle noter chez Nadia au moment de l'évaluation :

a) de sa santé physique ? (Nommez-en deux.)

b) de sa santé mentale ? (Nommez-en trois.)

10. L'infirmière du CLSC soupçonne que Nadia est victime de mauvais traitements. Indiquez deux questions qu'elle pourrait poser à madame Loranger pendant la collecte de données pour ouvrir la discussion sur le problème pressenti.

À revoir

15 Encadré *Personnalité limite* (borderline)

29
- *Facteurs relationnels, communautaires et sociétaux*
- *Isolement social*
- *Violence conjugale*
- Tableau *Facteurs individuels et relationnels associés à la violence conjugale*
- *Violence familiale envers les enfants*
- Tableau *Facteurs individuels et relationnels associés à la violence familiale envers l'enfant*
- *Violence sexuelle – Description*
- *Violence familiale*
- Tableau *Caractéristiques de la violence familiale envers l'enfant*
- Tableau *Conséquences de la violence familiale sur l'enfant*
- Encadré *Collecte des données – Exemples de questions à poser*

Situation de santé **Jugement clinique**

Suivi à domicile d'un jeune adulte atteint d'un trouble du spectre de la schizophrénie

Client: Charles Rougeau

Chapitres à consulter

22 Approches complémentaires et parallèles en santé mentale

23 Soins infirmiers et suivis dans la communauté

Charles Rougeau, âgé de 25 ans, est atteint d'un trouble du spectre de la schizophrénie. Il a été hospitalisé en psychiatrie alors qu'il était dans un état psychotique marqué par des idées délirantes de grandeur et de fortes hallucinations auditives engendrant de l'anxiété grave. Maintenant que sa condition est stabilisée par la médication, il peut retourner chez lui. Il habite un petit appartement supervisé dans une résidence qui accueille des personnes ayant un problème de santé mentale. Vous accompagnez le client à son domicile. C'est la première fois que vous allez chez lui. ▶

1. Quel aspect de l'état émotionnel de monsieur Rougeau est-il important d'évaluer concernant son retour à domicile?

2. Nommez deux vérifications à faire au domicile de monsieur Rougeau pour vous assurer qu'il peut satisfaire ses besoins fondamentaux de base d'alimentation et d'hygiène personnelle.

▶ Avant de quitter le centre hospitalier, vous vous êtes assurée que monsieur Rougeau avait sa médication. Il est maintenant chez lui depuis une semaine et vous le visitez de nouveau pour assurer le suivi à domicile. ▶

3. Pourquoi est-il pertinent de vérifier si le client prend toute la médication prescrite?

4. Trouvez deux autres éléments à évaluer en lien avec la médication de monsieur Rougeau au cours de votre visite.

▶ Vous discutez avec le client des dépenses qu'il a faites dans les jours précédant votre visite. ▶

5. Pourquoi est-il important d'aborder un tel sujet avec lui?

▶ Même si sa condition est stabilisée, le client anticipe de l'anxiété à l'idée d'entendre des voix. Vous lui suggérez de pratiquer l'imagerie mentale et lui enseignez une technique de relaxation. ◀

6. Vos suggestions sont-elles appropriées pour aider monsieur Rougeau à mieux maîtriser l'anxiété qu'il anticipe? Justifiez votre réponse.

À revoir

22 *Approches complémentaires et parallèles en santé : classification et utilisation en santé mentale*

23 *Suivis à domicile*

Situation de santé Jugement **clinique**

RE18

Trouble concomitant

Client: Marvin O'Connor

Chapitres à consulter

Solutionnaire 

16 Troubles liés à une substance et troubles addictifs

24 Comorbidité et clients atteints de troubles concomitants

Marvin O'Connor, âgé de 39 ans, travaille comme technicien à l'éclairage dans une station de télévision. Il est atteint d'un trouble d'anxiété généralisée. Il consomme régulièrement de la cocaïne par voie I.V. Après le long tournage d'une émission, il s'est injecté deux doses de drogue coup sur coup. Un ami l'a amené à l'urgence, car monsieur O'Connor était devenu très colérique et montrait des signes d'anxiété si quelqu'un essayait de l'approcher (yeux grands ouverts, hypervigilance, dilatation pupillaire, cris, nervosité, hyperventilation). ▶

1. D'après les signes présentés par le client, quel problème devez-vous soupçonner?

▶ Monsieur O'Connor est en observation depuis une heure. Vous ne connaissez pas le moment précis de sa consommation. Vous procédez à un dépistage de la cocaïne dans le sang et dans l'urine. ▶

2. Le résultat des analyses sera-t-il positif? Justifiez votre réponse.

3. Que devriez-vous surveiller chez monsieur O'Connor 24 heures après sa consommation de cocaïne?

4. Qu'est-ce qui caractérise les troubles mentaux concomitants chez monsieur O'Connor?

▶ Monsieur O'Connor a commencé à consommer de la cocaïne parce que ses relations au travail étaient plutôt tumultueuses. Il montrait de l'intolérance envers les nouveaux collègues qui avaient peu d'expérience et pouvait aussi bien leur lancer des objets impulsivement parce qu'il se fâchait. ◀

5. Pour monsieur O'Connor, les relations de travail constituent-elles un facteur de risque de ses troubles mentaux concomitants ? Justifiez votre réponse.

6. La consommation de cocaïne peut-elle aggraver les manifestations du trouble d'anxiété généralisée de monsieur O'Connor ? Justifiez votre réponse.

À revoir

16 *Cocaïne*

24
- *Troubles concomitants*
- *Étiologie générale*
- *Interdépendance des manifestations*

Situation de santé **Jugement clinique**

RE19

Trouble délirant

Client : Kenny Page

Chapitres à consulter

Solutionnaire

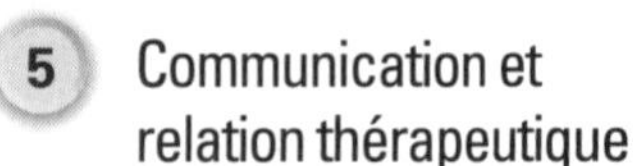

5 Communication et relation thérapeutique

14 Troubles du spectre de la schizophrénie et autres troubles psychotiques

Kenny Page est un homme célibataire âgé de 38 ans. Il s'entraîne tous les jours dans un centre de conditionnement physique. Il fréquente toujours le même bar et tente de séduire une serveuse qu'il trouve particulièrement belle. Il cherche à se faire remarquer d'elle et l'aborde avec une assurance qui semble inébranlable.

Vous rencontrez monsieur Page à la clinique de psychiatrie. Un ami l'a incité à s'y présenter, ayant l'impression qu'il délirait à propos de la serveuse du bar. Pendant la rencontre, vous êtes assise droite, le dos bien appuyé sur le dossier de votre fauteuil, vous faites face au client et vous le regardez. Vos jambes et vos bras sont croisés et vous êtes à environ un mètre et demi de monsieur Page. ▶

1. Parmi vos comportements non verbaux, lesquels favorisent une écoute active de monsieur Page?

▶ Monsieur Page vous dit : « On croit que je radote, mais cette femme-là, je l'ai dans la peau. Avec le corps que j'ai, elle ne peut pas me résister longtemps. » ▶

2. Que pourriez-vous lui dire pour lui refléter le sentiment sous-jacent à ses propos ?

▶ Monsieur Page répète que c'est la femme de ses rêves. « Elle a les plus beaux yeux du monde et un déhanchement qui me fait craquer », dit-il. Puis il poursuit sur un ton langoureux : « Je la caresserais longtemps, longtemps, longtemps. » ▶

3. Quel est le type de délire qui caractérise les propos de monsieur Page ?

▶ Vous apprenez que monsieur Page s'est battu parce qu'un autre client du bar parlait gentiment à la serveuse. « Je l'ai frappé parce qu'il jouait dans mes plates-bandes. Cette femme-là, elle est à moi », précise-t-il. ▶

4. Quel est l'autre type de délire illustré dans ces propos?

5. Monsieur Page risque-t-il d'avoir des comportements de harcèlement envers la serveuse du bar? Justifiez votre réponse.

▶ Monsieur Page parle de cette serveuse avec intensité. Il la décrit dans des termes sexuels explicites en parlant de ses courbes qu'il qualifie d'aguichantes et faites pour exciter un homme. Il détaille même la façon dont il aimerait lui faire l'amour. Ses propos vous choquent et vous réalisez que vous ne l'écoutez plus. ◀

6. Quel est le phénomène de la relation thérapeutique qui peut expliquer votre réaction?

À revoir

5
- *Attitudes et habiletés – Écoute*
- Tableau *Habiletés de communication*
- *Contre-transfert*

14
- *Trouble délirant*
- Tableau *Types de trouble délirant*

Situation de santé **Jugement clinique**

RE20

Trouble du spectre de l'autisme

Client: Fabrice Sperano

Chapitre à consulter

Solutionnaire

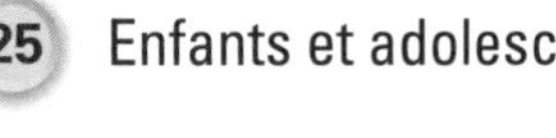

25 Enfants et adolescents

Le petit Fabrice Sperano a 4 ans. Lorsqu'il avait deux ans et demi, ses parents ont remarqué qu'il présentait un retard de langage. Un trouble du spectre de l'autisme a été diagnostiqué chez l'enfant. Il arrive à Fabrice de donner des coups de tête contre un mur ou de se mordre les doigts; il marche sur la pointe des pieds et frappe souvent dans ses mains en se balançant de gauche à droite. Dans sa chambre, ses parents ont placé son ourson préféré sur une chaise plutôt que sur son lit. ▶

1. Qu'est-ce qui expliquerait que Fabrice se frappe la tête contre un mur ou qu'il se morde les doigts?

2. Comment Fabrice pourrait-il réagir devant un changement dans l'environnement de sa chambre?

3. Un trouble du développement intellectuel peut-il apparaître chez Fabrice? Justifiez votre réponse.

4. Comment Fabrice risque-t-il de se comporter en présence d'autres enfants de son âge?

▶ Fabrice parle peu en raison de son retard de langage. Malgré sa façon particulière de parler, ses parents arrivent à comprendre ce qu'il dit, mais pas les éducatrices de la garderie qu'il fréquente deux demi-journées par semaine. ◀

5. Comment expliquez-vous le fait que les parents de Fabrice comprennent ce qu'il dit et non les éducatrices de la garderie?

6. Fabrice pourrait-il compenser son retard de langage par d'autres modes de communication comme des gestes ou des mimiques? Justifiez votre réponse.

7. Les parents de Fabrice craignent que leur fils ne se développe pas normalement sur le plan intellectuel et qu'il ne devienne pas un adulte autonome. Que devraient-ils savoir à ce sujet?

À revoir

25 *Troubles neurodévelopementaux – Trouble du spectre de l'autisme*

Notes :